# Grammatik kurz & bündig
# ITALIENISCH

Mit dem Leicht-Merk-System

Neubearbeitung
Joachim Neubold

Ernst Klett Sprachen GmbH
Barcelona • Belgrad • Budapest • Ljubljana • London • Posen
Prag • Sofia • Stuttgart • Zagreb

# PONS
# Grammatik kurz & bündig
# ITALIENISCH

Mit dem Leicht-Merk-System

Neubearbeitung
Joachim Neubold

Auf der Basis von ISBN: 978-3-12-561144-3

Auflage A1  5  4  3  2 1  / 2011  2010  2009  2008

© Ernst Klett Sprachen GmbH, Rotebühlstraße 77, 70178 Stuttgart, 2008
Internet: www.pons.de
E-Mail: info@pons.de

Logoentwurf: Erwin Poell, Heidelberg
Logoüberarbeitung: Sabine Redlin, Ludwigsburg
Einbandgestaltung: Schmidt & Dupont
Titelfoto: Vlado Golub, Stuttgart
Illustrationen: Stefan Theurer, Eningen; Walter Uihlein, Altdorf
Layout/Satz: Satz und mehr, Besigheim
Druck: Wacker Offsetdruck GmbH
Printed in Germany.
ISBN: 978-3-12-561408-6

# So benutzen Sie dieses Buch

Die **PONS Grammatik kurz & bündig Italienisch** bietet Ihnen eine übersichtliche Darstellung der aktuellen italienischen Sprache. Anhand zahlreicher italienischer Beispielsätze mit deutschen Übersetzungen können Sie die Regeln der italienischen Sprache auf einfache und verständliche Weise erlernen oder wiederholen.

Wenn Sie schnell und gezielt etwas nachschlagen wollen, hilft Ihnen dabei unser Leitsystem: Orientieren Sie sich zunächst an den **Kopfzeilen** mit den Kapitelüberschriften. Zu den Unterkapiteln, die Sie besonders interessieren, gelangen Sie dann ganz leicht mit Hilfe der **Fußzeilen**!

Darüber hinaus finden Sie unter der Rubrik **Leicht gemerkt!** das Wichtigste zu jedem Kapitel in diesem Buch noch einmal in Kurzform zusammengefasst. Wenn Sie sich also zu einem bestimmten Grammatikthema einen kurzen, aber gründlichen Überblick verschaffen wollen, dann können Sie sich an diesem Leicht-Merk-System orientieren!

Bei der Arbeit mit diesem Buch helfen Ihnen die folgenden Symbole:

Hier wird auf eine Regel oder Besonderheit hingewiesen, die Sie nicht übersehen sollten.

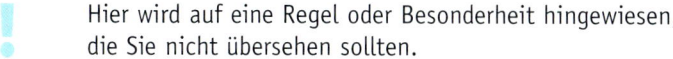

Kleine Tipps verraten Ihnen an dieser Stelle, wie Sie sich die Regeln besser merken können.

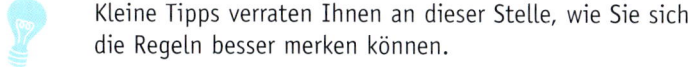

Hier werden Unterschiede zwischen dem Deutschen und dem Italienischen aufgezeigt.

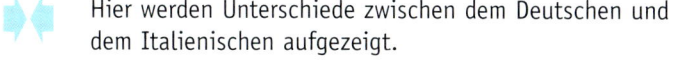

Bestimmte Regeln kann man sich auch spielerisch ganz leicht erarbeiten. Probieren Sie doch einmal unsere Spiel- und Übungsvorschläge an dieser Stelle aus!

▶ Hier wird auf ein anderes Grammatikkapitel verwiesen, z.B. ▶ Kapitel 6 Die Formen der Verben

Im Anhang finden Sie außerdem einige **Erklärungen wichtiger Grammatikbegriffe** und ein ausführliches **Stichwortregister**, mit dem Sie nach bestimmten Themen gezielt suchen können. So wird die **PONS Grammatik kurz & bündig Italienisch** zu Ihrem wertvollen Begleiter beim Erlernen der italienischen Sprache.

Viel Spaß und Erfolg!

# Inhalt

# 1 | Etwas zu Laut und Schrift

## Das italienische Alphabet

| a | (a) | h | (acca) | o | (o) | v | (vi/vu) |
|---|-----|---|--------|---|-----|---|---------|
| b | (bi) | i | (i) | p | (pi) | w | (doppia vu/vi) |
| c | (ci) | j | (i lunga) | q | (cu) | x | (ics) |
| d | (di) | k | (kappa) | r | (erre) | y | (ipsilon/i greca) |
| e | (e) | l | (elle) | s | (esse) | z | (zeta) |
| f | (effe) | m | (emme) | t | (ti) | | |
| g | (gi) | n | (enne) | u | (u) | | |

- Buchstaben sind weiblich (z. B. **la elle**).
- Die Buchstaben j, k, w, x und y kommen nur in Fremdwörtern vor.

Man sagt, dass Italienisch so gesprochen wird wie es geschrieben wird. Ein paar Regeln muss man jedoch kennen:

1. Vor **a**, **o** und **u** werden **c** und **g** hart gesprochen: **ca**ffè, co**sì**, **gu**sto
2. Vor **i** und **e** werden **c** wie /**tsch**/ (stimmlos) und **g** wie /**dsch**/ (stimmhaft) gesprochen: **ce**nto, **ci**ttà, **ge**sto, **gi**ro
3. **sc** vor **i** und **e** wird wie /**sch**/ gesprochen: **sce**na, **sci**mmia
4. Ein **h** vor dem **i** oder **e** macht das **c** und **g** hart: o**cchi**ali, **Marghe**rita, s**che**rmo
5. **gl** entspricht einem mouillierten /**l**/, wie etwa in *brillant* und *Folie*: fami**gli**a
6. **gn** entspricht einem mouillierten /**n**/, etwa wie in *Kognak*: ba**gno**
7. Das italienische **r** wird im vorderen Gaumenbereich gebildet. Dieses „gerollte r" erfordert ein wenig Übung: **r**isto**r**ante, came**r**ie**r**e, ca**r**ne, ve**r**du**r**e
8. **eu** und **ei** werden wie zwei getrennte Vokale gesprochen: **eu**ro, vorr**ei**
9. **qu** wird wie ein /**k**/ und ein sehr dunkles /**u**/ ausgesprochen: **qu**ando
10. Im Italienischen wird der Buchstabe **h** grundsätzlich nie ausgesprochen. Er wird nur benutzt, um die Laute /**k**/ und /**g**/ vor **e** bzw. **i** darstellen zu können.

## Betonung

Alle italienischen Wörter werden auf irgendeiner Silbe betont. Häufig ist es die vorletzte Silbe, z. B. in **dottore** (*Doktor*) oder **francese** (*französisch*), bei manchen, eher längeren Wörtern die drittletzte wie in **chilometro** (*Kilometer*) oder **asparagi** (*Spargel*).

## Akzent

Im Italienischen gibt es zwei grafische Akzente, die über den Buchstaben gesetzt werden: den *accento grave* (`) und den *accento acuto* (´). Der *accento grave* steht auf offenem **e** und **o** (wie in *hell* und *Wolle*) und auf den anderen Vokalen am Wortende: **città** (*Stadt*), **caffè** (*Kaffee*), **così** (*so*), **perciò** (*deshalb*), **virtù** (*Tugend*).
Der *accento acuto* steht auf geschlossenem **e** (wie in *reden*): **perché**, **affinché**.
Das bedeutet aber nicht, dass alle anderen Buchstaben ohne Akzent gleich ausgesprochen werden. Vergleichen Sie z. B. das offene **e** in **bello** (*schön*) mit dem geschlossenen in **mela** (*Apfel*), oder das offene **o** in **Modena** mit dem geschlossenen in **Roma**.

Ein Akzent steht im Italienischen:

- bei mehrsilbigen Wörtern, die auf der letzten Silbe betont werden, wie **caffè, verità, virtù, così, perché**
- bei einsilbigen Wörtern, die auf einen Diphtong enden, wie **può, più, ciò, già, giù**
- bei den folgenden Wörtern, um sie voneinander unterscheiden zu können:

| | | | |
|---|---|---|---|
| **dà** = *er/sie gibt* | **da** = Präposition | **lì** = *dort* | **li** = Pronomen |
| **è** = *er/sie/es ist* | **e** = *und* | **sì** = *ja* | **si** = *sich, man* |
| **là** = *dort* | **la** = Artikel/*sie* | **tè** = *Tee* | **te** = *dich, dir* |

### Ed, ad

Wenn das folgende Wort mit einem Vokal anfängt, wird ein **d** an die Präposition **a** und an die Konjunktionen **e** und seltener **o** angehängt: **tu ed io, vado ad Ankara**.

# 2 | Der Artikel

## Der bestimmte Artikel

| männlich | Singular | Plural |
|---|---|---|
| vor **Konsonant** <br> vor **Vokal** <br> vor: <br> **s + Konsonant, z, ps,** <br> **pn, gn, x, i + Vokal** | **il** ragazzo <br> **l'** amico <br> **lo** studente <br> zaino <br> psicologo <br> gnomo | **i** ragazzi <br> **gli** amici <br> **gli** studenti <br> zaini <br> psicologi <br> gnomi |
| weiblich | Singular | Plural |
| vor **Konsonant** <br> vor **Vokal** | **la** donna <br> **l'** amica | **le** donne <br> **le** amiche |

Maßgebend für die Form des Artikels ist der Anlaut des unmittelbar folgenden Wortes; manchmal richtet er sich also – wie in den folgenden Beispielen – nach dem Adjektiv:

**il romanzo/l'ottimo romanzo/lo stesso romanzo**
**un abito/uno splendido abito**
**un'amica/una vera amica**

> **!** Die Artikelformen schwanken bei Wörtern, die mit pn, gn, x und
> i + Vokal beginnen; wir haben also **lo pneumatico,** aber auch
> (häufiger in der gesprochenen Sprache) **il pneumatico, lo**
> **gnocco,** aber auch **il gnocco.**

## Der Gebrauch des bestimmten Artikels

Der bestimmte Artikel wird gebraucht:

1. vor Substantiven, die eine Gattung bezeichnen:
   **Ti piacciono le carote?**  *Magst du Karotten?*

2. vor Possessivpronomen (▶ Kapitel 8):
   **Adoro il mio insegnante.**  *Ich verehre meinen Lehrer.*

3. vor den Namen der Tageszeiten und vor Wochentagen, wenn die regelmäßige Wiederkehr gemeint ist:

**Il sabato vado al mercato.**   *Samstags gehe ich auf den Markt.*
**La sera sono distrutta.**   *Abends bin ich fix und fertig.*

4. vor Titel + Name (außer in der Anrede: **Buongiorno, signora Rossi!**):

**La signora Rossi è arrivata.**   *Frau Rossi ist angekommen.*
**Ecco il professor Angelini!**   *Da ist Professor Angelini!*

5. vor weiblichen Familiennamen, selten vor männlichen Familiennamen, außer bei berühmten italienischen männlichen Persönlichkeiten der Vergangenheit (außer Komponisten):

**la Loren, (il) Manzoni**, aber: **Fellini, Verdi**

6. vor Namen von Kontinenten, Ländern, Regionen und großen Inseln (außer nach **in**):

**Mi affascina l'Africa.**   *Afrika fasziniert mich.*
**Sono tornata ieri dalla Sicilia.**   *Ich bin gestern aus Sizilien zurückgekehrt.*

7. vor verallgemeinernd gebrauchten Stoffnamen und abstrakten Begriffen, außer nach **in** und **di**:

**L'argento è meno caro dell'oro.** *Silber ist weniger teuer als Gold.*
**L'ozio è il padre dei vizi.**   *Müßiggang ist aller Laster Anfang.*

8. vor Gegenständen, die gewöhnlich einmal vorkommen:

**Hai la macchina?**   *Hast du ein Auto?*
**Porti sempre l'orologio?**   *Trägst du immer eine Uhr?*

9. bei der Angabe der Uhrzeit (▶ Kapitel 5):

**Sono le nove.**   *Es ist neun Uhr.*

10. vor den Namen von Körperteilen und sonstigen äußeren Merkmalen:

**Mia madre ha il naso piccolo.** *Meine Mutter hat eine kleine Nase.*
**Porti gli occhiali?**   *Trägst du eine Brille?*

11. vor den Namen von Krankheiten:

**L'AIDS mi fa paura.**   *Ich habe Angst vor AIDS.*

12. vor den Namen von Musikinstrumenten:

**Lucio Dalla suona l'armonica a bocca.**   *Lucio Dalla spielt Mundharmonika.*

13. bei Farbbezeichnungen:

**Il rosso è il simbolo della passione.**   *Rot ist das Symbol der Leidenschaft.*

Im Gegensatz zum Deutschen wird der bestimmte Artikel nicht gebraucht:

1. bei Ortsangaben nach **in**:
   **Vado in bagno.** *Ich gehe ins Bad.*
   **Ha messo suo figlio** *Er hat seinen Sohn auf das Internat*
   **in collegio.** *geschickt.*

2. bei einigen Orts- und Richtungsangaben mit der Präposition **a**, und zwar: **caccia/casa/letto/lezione/messa/scuola/teatro**:
   **Oggi resto a letto.** *Heute bleibe ich im Bett.*

3. vor Jahreszeiten und Monatsnamen:
   **In autunno/ottobre** *Im Herbst/Oktober findet die*
   **si fa la vendemmia.** *Weinlese statt.*

4. vor Transportmitteln, mit **in**:
   **A Roma ci vado in treno.** *Nach Rom fahre ich mit dem Zug.*

# Verschmelzung von Präpositionen mit dem bestimmten Artikel

Zu den Präpositionen ▶ Kapitel 10.

|        | il  | lo    | l'    | la    | i   | gli   | le    |
|--------|-----|-------|-------|-------|-----|-------|-------|
| **a**   | al  | allo  | all'  | alla  | ai  | agli  | alle  |
| **da**  | dal | dallo | dall' | dalla | dai | dagli | dalle |
| **di**  | del | dello | dell' | della | dei | degli | delle |
| **in**  | nel | nello | nell' | nella | nei | negli | nelle |
| **su**  | sul | sullo | sull' | sulla | sui | sugli | sulle |
| **con** | col | collo | coll' | colla | coi | cogli | colle |

Bei der Präposition **con** ist die Verschmelzung in der gesprochenen Sprache fakultativ; in der Schriftsprache lässt man aber in diesem Fall Präposition und Artikel lieber getrennt!

 Aufgepasst: Der Gebrauch der Verschmelzungsformen Präposition + Artikel ist ansonsten (anders als im Deutschen) obligatorisch.

**La camicia è nell'armadio.** *Das Hemd hängt in dem/im Schrank.*

# Der unbestimmte Artikel und der Teilungsartikel

|  | Singular | Plural |
|---|---|---|
|  | **männlich** | |
| vor **Konsonant**<br>vor **Vokal**<br>vor:<br>**s + Konsonant, z, ps, pn,**<br>**gn, x, i + Vokal** | **un** ragazzo<br>**un** amico<br>**uno** studente<br>zaino<br>psicologo<br>gnomo | **(dei)** ragazzi<br>**(degli)** amici<br>**(degli)** studenti<br>zaini<br>psicologi<br>gnomi |
|  | **weiblich** | |
| vor **Konsonant**<br>vor **Vokal** | **una** donna<br>**un'** amica | **(delle)** donne<br>**(delle)** amiche |

## Der Gebrauch des Teilungsartikels

Die Formen **un, uno, un'** sind mit den deutschen *ein, eine* vergleichbar. Im Deutschen besitzen diese unbestimmten Artikel keine Pluralform: Singular: *ein Student* – Plural: *Studenten*.
Als Pluralform der unbestimmten Artikel kann dagegen im Italienischen der Teilungsartikel stehen – die Verschmelzungsform der Präposition **di** mit dem bestimmten Artikel.

Der Teilungsartikel kann auch im Singular bei nicht zählbaren Substantiven stehen. Dazu zählen auch abstrakte Begriffe, z.B.: **del coraggio** (*Mut*):

|  | **männlich** | |
|---|---|---|
| vor **Konsonant**<br>vor **Vokal**<br>vor:<br>**s + Konsonant, z, ps, pn,**<br>**gn, x, i + Vokal** | **del** pane<br>**dell'** olio<br><br>**dello** zucchero | etwas Brot<br>etwas Öl<br><br>etwas Zucker |
|  | **weiblich** | |
| vor **Konsonant**<br>vor **Vokal** | **della** birra<br>**dell'** acqua | etwas Bier<br>etwas Wasser |

Der Teilungsartikel bezeichnet hier eine nicht näher bestimmte Menge.

Der Gebrauch des Teilungsartikels ist meist fakultativ:
**Preferisco (della) birra.**         *Ich trinke lieber Bier.*

Der Teilungsartikel bedeutet also nicht nur *etwas* sondern auch *eine Art/Sorte ...*

Der Teilungsartikel wird vermieden:

- in verneinten Sätzen:
  **Non abbiamo tempo.**         *Wir haben keine Zeit.*

- nach Mengenangaben mit einem Adjektiv:
  **Hai troppe preoccupazioni.**   *Du hast zu viele Sorgen.*

- nach Wendungen mit **di** oder **in**:
  **Hai bisogno di aiuto.**         *Du brauchst Hilfe.*

## Leicht gemerkt!

Im Italienischen gibt es den bestimmten, den unbestimmten und den Teilungsartikel.
Im Singular gibt es für männliche Substantive die Formen **il**, **l'** und **lo**, für weibliche **l'** und **la**, im Plural **i** und **gli** bzw. nur **le** für weibliche Substantive.
Beim unbestimmten Artikel gibt es die Formen **un** und **uno** bzw. **un'** und **una**. Pluralformen gibt es keine. Stattdessen wird der Teilungsartikel (**di** + bestimmter Artikel) verwendet.
Ausschlaggebend für die Form des Artikels ist der erste Buchstabe des folgenden Wortes (apostrophierte Form vor Vokal, **lo** vor **s** + Konsonant, **z**, **ps**, **pn**, **gn**, **x**, **i** + Vokal). Das können Sie sich mit folgendem Satz leicht merken:

**Lo studente va dallo**         *Der Student geht zum Psychologen*
**psicologo con lo zaino**        *mit dem Rucksack und trifft*
**e incontra uno gnomo.**         *einen Gnom.*

# 3 | Das Substantiv

## Geschlecht der Substantive

Woran kann man das Geschlecht italienischer Substantive (Hauptwörter) erkennen? Man muss wissen, dass sie entweder männlich oder weiblich sind (ein Neutrum kennt das Italienische nicht). Die Mehrzahl von ihnen ist drei großen Klassen zuzuordnen:

| | männlich | weiblich | Aber: |
|---|---|---|---|
| Substantive auf **-o** = meist männlich | il telefon**o** il ciel**o** il libr**o** | | Es gibt auch einige weibliche Substantive auf **-o**, wie l'aut**o**, la bir**o**, la fot**o**, la man**o**, la mot**o**, la radi**o** |
| Substantive auf **-a** = meist weiblich | | l'amic**a** la biciclett**a** la cart**a** | Es gibt auch viele männliche Substantive auf **-a**, wie il cinem**a**, il dentist**a**, il poet**a**, il programm**a** |
| Substantive auf **-e** = entweder männlich oder weiblich | il mes**e** l'elefant**e** il dent**e** | la chiav**e** la madr**e** la nott**e** | |

Achtung: Das Geschlecht der Substantive auf **-e** erkennt man nur an den Artikeln oder an den begleitenden Adjektiven:

**la chiave piccola** (weiblich), **l'elefante grigio** (männlich)

Männlich sind außerdem:
1. Substantive, die mit einem Konsonanten enden: **il bar, il film, il camion**
2. Substantive auf **-one: il sapone, il cotone** (aber: **la canzone**)
3. die meisten Namen von Meeren, Seen, Flüssen, Pässen und Bergen: **il Reno, il Vesuvio, il Po** (aber: **la Loira, la Marna, la Garonna, la Senna, le Alpi, le Ande**)
4. Monate und Wochentage: **il giugno, il venerdì** (aber: **la domenica**)
5. Grundzahlen: **il quattro**

Weiblich sind außerdem:
1. Substantive auf **-zione: la le**zione**, la na**zione**, la lo**zione
2. Substantive auf **-tà, -tù: la felici**tà**, la vir**tù
3. Substantive auf **-ie: la superfic**ie
4. Substantive auf **-i: l'analis**i**, la paralis**i**, la tes**i (aber: **il tax**i**/ tass**ì**, l'alib**i**, il brindis**i)
5. Städte- und Inselnamen: **la Corsica** (aber: **il Cairo, il Madagascar**)
6. Automarken: **la Ferrari**
7. Buchstaben (▶ Kapitel 1): **la f**
8. Früchte: **la noce, la pera** (aber: **il melone**)

# Personenbezeichnungen

Männliche und weibliche Bezeichnungen von Personen unterscheiden sich oft in der Endung. Die häufigsten Endungspaare sind:

| Endungen | männlich | weiblich |
|---|---|---|
| -o/-a | il ragazz**o** | la ragazz**a** |
| -e/-a | il signor**e** | la signor**a** |
| -tore/-trice | l'at**tore** | l'at**trice** |
| -e/-essa | lo student**e** | la student**essa** |

❗ Achtung: Leider können Personenbezeichnungen nicht immer nur nach diesem Muster abgeleitet werden.
Ausnahmen sind häufig: z. B. **il nipot**e**/la nipot**e**, il turist**a**/ la turist**a.

Weibliche Substantive, die mit dem Suffix **-essa** von der männlichen Form abgeleitet worden sind (**il medico/la medichessa**) und die traditionell männliche Berufe oder Ämter bezeichnen, tragen häufig eine negative Nebenbedeutung, weshalb man besser auch für Frauen die männliche Form benutzen sollte: **l'avvocato Carla Sofri, il presidente Giuliana Zandonella**. Neuerdings findet man auch die entsprechende weibliche Form mit der Endung **-a**.
Also nicht **la ministressa Canzoneri!** sondern **il ministro/la ministra Canzoneri**.

Bei den folgenden Personenbezeichnungen lässt sich das Geschlecht nur am Artikel oder an einem begleitenden Adjektiv erkennen, da sie sich in der Form nicht unterscheiden:

1. einige männliche Substantive auf **-a,** insbesondere die auf **-ista** und **-cida**: **il/la colleg**a (der Kollege/die Kollegin), **il/la tur**ista (der Tourist/die Touristin), **l'omicid**a (der Mörder/die Mörderin)
2. Substantive auf **-ante/-(i)ente**: **il/la cant**ante (der Sänger/die Sängerin), **il/la cl**iente (der Kunde/die Kundin)
3. Substantive auf **-ese**: **il/la franc**ese (der Franzose/die Französin)

> ! Achtung allerdings bei der Pluralbildung: Da unterscheiden sich Substantive auf **-a** voneinander:
>
> i **collegh**i *(die Kollegen),* le **collegh**e *(die Kolleginnen)*

## Zusammengesetzte Substantive

Meist entsprechen den deutschen zusammengesetzten Substantiven im Italienischen präpositionale Fügungen:

| | | |
|---|---|---|
| mit **di:** | la casa **dello** studente | das Studentenwohnheim |
| mit **a:** | il televisore **a** colori | der Farbfernseher |
| mit **da:** | la vasca **da** bagno | die Badewanne |
| mit **per:** | il corso **per** principianti | der Anfängerkurs |
| mit **in:** | il ballo **in** maschera | der Maskenball |
| mit **su:** | il vestito **su** misura | der Maßanzug |

Verbindungen ohne Präpositionen sind ziemlich selten, z. B.:
**la busta paga** *(die Lohntüte),* **il vagone ristorante** *(der Speisewagen)*

## Plural der Substantive

Männliche Substantive auf **-o** und alle Substantive auf **-e** bilden den Plural auf **-i**; weibliche Substantive auf **-a** bilden den Plural auf **-e**:

| | Singular | Plural |
|---|---|---|
| männlich | il libr**o** | i libr**i** |
| männlich | il pesc**e** | i pesc**i** |
| weiblich | la cas**a** | le cas**e** |
| weiblich | la madr**e** | le madr**i** |

# Besonderheiten bei der Pluralbildung

## Substantive auf *-co, -ca, -go, -ga*

Männliche Substantive auf **-co, -go** mit Betonung auf der vorletzten Silbe bilden den Plural auf **-chi, -ghi**:

**il bu**co**, i bu**chi  *das Loch, die Löcher*
**il la**go**, i la**ghi  *der See, die Seen*

Ausnahmen: **l'ami**co **– gli ami**ci; **il gre**co **– i gre**ci

Männliche Substantive auf **-co, -go** mit Betonung auf der drittletzten Silbe bilden den Plural auf **-ci, -gi**:

**il medi**co**, i medi**ci  *der Arzt, die Ärzte*
**l'aspara**go**, gli aspara**gi  *der Spargel, die Spargel*

Ausnahmen: **il cari**co **– i cari**chi

Der Plural der Substantive auf **-logo** lautet:

*   bei Personenbezeichnungen **-logi**:
    **il teo**logo **– i teo**logi**, l'astro**logo **– gli astro**logi
*   bei Sachen **-loghi**:
    **il cata**logo **– i cata**loghi**, il dia**logo **– i dia**loghi

Weibliche Substantive auf **-ca** und **-ga** bilden immer den Plural auf **-che, -ghe**:

**la ma**ga**, le ma**ghe  *die Magierin, die Magierinnen*
**l'armoni**ca**, le armoni**che  *die Mundharmonika, die Mund-harmoniken*

## Substantive auf *-io, -ia*

*   Bei Substantiven mit betontem **-i-** wird die regelmäßige Pluralbildung angefügt (was bei männlichen Substantiven zu **-ii** führt):
    **lo z**io**, gli z**ii  *der Onkel, die Onkel*
    **la bug**ia**, le bug**ie  *die Lüge, die Lügen*

*   Substantive auf **-io** mit unbetontem **-i-** bilden den Plural auf **-i**:
    **l'armad**io**, gli armad**i  *der Schrank, die Schränke*
    **il negoz**io**, i negoz**i  *der Laden, die Läden*

*   Substantive auf **-cia** und **-gia** mit unbetontem **-i-** bilden den Plural auf **-ce**, **-ge**, wenn dem **-c-** oder dem **-g-** ein weiterer Konsonant vorausgeht, auf **-cie**, **-gie**, wenn ein Vokal vorausgeht:
    **l'aran**cia**, le aran**ce  *die Orange, die Orangen*

**la spiaggia, le spiagge**      *der Strand, die Strände*
**la camicia, le camicie**      *das Hemd, die Hemden*

## Männliche Substantive auf *-a*

Männliche Substantive auf **-a** bilden den Plural auf **-i**:
**il problema, i problemi**      *das Problem, die Probleme*

## Substantive mit unveränderter Form im Plural

Unverändert bleiben im Plural:

- Substantive mit betontem Vokal im Auslaut, und somit auch einsilbige Substantive:
  **il caffè, i caffè**      *der Kaffee, die Kaffees*
  **il re, i re**      *der König, die Könige*

- Substantive, die auf einen Konsonanten enden (ursprünglich als Fremdwörter in das Italienische aufgenommen):
  **il camion, i camion**      *der/die Lastkraftwagen*

- abgekürzte Substantive:
  **la foto, le foto**      *das Foto, die Fotos*

- Substantive auf **-i** und **-ie**:
  **la crisi, le crisi**      *die Krise, die Krisen*
  **la serie, le serie**      *die Serie, die Serien*

- Familiennamen: **i Rossi, i Brunetti** (= *die Rossis, die Brunettis*)

## Substantive mit Geschlechtswechsel

Einige männliche Substantive werden im Plural weiblich und enden dabei auf **-a**. So z. B. **il dito** – **le dita** *(der Finger – die Finger)*, **il ginocchio** – **le ginocchia** *(das Knie – die Knie)*, **il miglio** – **le miglia** *(die Meile – die Meilen)*, **il paio** – **le paia** *(das Paar – die Paare)*, **l'uovo** – **le uova** *(das Ei – die Eier)*

 Diese Einzelfälle lernen Sie am besten auswendig!

## Substantive mit doppelter Pluralform

Einige Substantive haben eine doppelte Pluralform, eine männliche auf **-i** und eine weibliche auf **-a**, die sich auch in der Bedeutung unterscheiden. Häufig bezeichnen die Formen auf **-a** den eigentlichen Sinn, die Formen auf **-i** den übertragenen.

| il braccio: | i bracci | *die Arme (eines Flusses)* | le braccia | *die Arme (des Menschen)* |
|---|---|---|---|---|
| il ciglio: | i cigli | *die Ränder (der Straße)* | le ciglia | *die Wimpern* |
| il filo: | i fili | *die Fäden/Drähte* | le fila | *die Fäden (der Verschwörung)* |
| il gesto: | i gesti | *die Gesten* | le gesta | *die Heldentaten* |
| il grido: | i gridi | *die Schreie (der Tiere)* | le grida | *die Schreie (der Menschen)* |
| il labbro: | i labbri | *die Ränder* | le labbra | *die Lippen* |
| il membro: | i membri | *die Mitglieder* | le membra | *die Gliedmaßen* |
| il muro: | i muri | *die Mauern* | le mura | *die Stadtmauern* |
| l'osso: | gli ossi | *einzelne Knochen* | le ossa | *die Knochen eines Organismus* |

Für die Pluralbildung gilt: zur Sicherheit immer im Wörterbuch nachschlagen!

 Eine andere Möglichkeit als sich aufwendige Regeln und Ausnahmen zu merken: Lernen Sie bei einem Substantiv am besten auch gleich die dazu gehörende Pluralform.

## Zusammengesetzte Substantive

Die meisten zusammengesetzten Substantive bilden den Plural wie einfache Substantive: **il francobollo** – **i francobolli** *(die Briefmarke – die Briefmarken)*.
In besonderen Fällen werden andere Formen gebraucht, z. B. **il pesce spada** – **i pesci spada** (*der Schwertfisch – die Schwertfische*)

Und zum Schluss noch ein paar nützliche Hinweise:

Merken Sie sich diese Einzelfälle:

| | |
|---|---|
| **il dio, gli dei** | *der Gott, die Götter* |
| **la mano, le mani** | *die Hand, die Hände* |
| **l'uomo, gli uomini** | *der Mann, die Männer* |

 Anders als im Deutschen:
- **La gente** *(die Leute)* und **l'uva** *(die Trauben)* sind im Italienischen Singular!
- **Le forbici** *(die Schere)*, **i baffi** *(der Schnurrbart)*, **i soldi** *(das Geld)*, **i pantaloni/calzoni** *(die Hose)*, **gli occhiali** *(die Brille)* stehen im Italienischen immer im Plural!

- Die männliche Pluralform bezeichnet auf Italienisch nicht nur zwei männliche Substantive, sondern auch eine „gemischte" Mehrzahl (weiblich und männlich):
  **i nonni** = *die Großväter,* aber auch *die Großeltern*
  **i fratelli** = *die Brüder,* aber auch *die Geschwister*

# Bedeutungsabstufungen durch besondere Endungen

Italienische Substantive können durch besondere Endungen verschiedene Färbungen erhalten. Die häufigsten Endungen und ihre Bedeutungen finden Sie in der folgenden Tabelle:

| Vergrößerung:<br>**-one** | un ragazz**one** | ein großer Junge |
|---|---|---|
| Verkleinerung/Koseform:<br>**-ino**<br>**-etto**<br>**-ello** | un ragazz**ino**<br>un ragazz**etto**<br>un paes**ello** | } *ein kleiner Junge*<br><br>ein nettes kleines Dorf |
| Abwertende Suffixe:<br>**-accio**<br><br>**-astro** | un ragazz**accio**<br>una parol**accia**<br>un poet**astro** | ein böser/schlimmer Junge<br>ein Schimpfwort<br>ein schlechter Dichter |

Bei Wörtern auf **-one** werden auch weibliche Substantive männlich: la giacca – **il** giacc**one**

Manchmal kann ein Wort auch zwei verschiedene Endungen haben wie z.B.: **un pezzo** *(ein Stück)*: **un pezz**etto *(ein Stückchen)* oder **un pezz**ettino *(ein ganz kleines Stückchen)*

# Die vier Fälle

Dem Italienischen (wie übrigens auch den anderen romanischen Sprachen) ist der Begriff von Fällen (Nominativ, Akkusativ usw.) fremd. Subjekt und direktes Objekt haben die gleiche Form:

| **La scimmia mi sorride.** | *Der Affe lächelt mich an.* | Wer? |
| **Vedi la scimmia?** | *Siehst du den Affen?* | Wen? |

Das indirekte Objekt wird im Italienischen meist durch die Präposition
**a** ausgedrückt:
**Scrivo una cartolina** a **Luigi.** *Ich schreibe Luigi eine Karte.* Wem?

Der deutsche Genitiv (Zugehörigkeit) wird im Italienischen meist
durch die Präposition **di** ausgedrückt:

| | | |
|---|---|---|
| **la poesia** di **Goethe** | *Goethes Dichtung* | Wessen? |
| **il libro** dello **scolaro** | *das Buch des Schülers* | |

Italienische Substantive können nur männlich oder weiblich sein, es
gibt kein Neutrum wie im Deutschen.

| | Singular | Plural | Beispiel |
|---|---|---|---|
| meist männlich | -o | -i | il **libro** – i **libri** |
| meist weiblich | -a | -e | la **carta** – le **carte** |
| männl. oder weiblich | -e | -i | il **mese** – i **mesi**/<br>la **chiave** – le **chiavi** |

Es gibt noch einige andere Endungen und Ausnahmen, die Sie aber
alle in diesem Kapitel finden!

Wie können Sie wissen, ob ein Substantiv auf **-e** männlich oder weib-
lich ist? Sie sollten die Substantive generell mit dem Artikel lernen.
Zusätzlich können Sie sich Merksätze ausdenken, wie z.B.

- ein **Mann** mit einem **Zahn**
  (*Zahn* = il **dente** ist männlich)
- eine **Frau** hält einen **Schlüssel** in der Hand
  (*Schlüssel* = la **chiave** ist weiblich)
- ein **Tiger** mit **Rock** (*Tiger* = la **tigre** ist weiblich)
- der Tag ist das Gegenteil der **Nacht**
  (*Tag* = **il giorno** ist männlich und
  *Nacht* = la **notte** ist weiblich)

Erfinden Sie doch einfach noch weitere!

Monate und Wochentage sind bis auf **la domenica** immer männlich:
**Il gennaio**, **il lunedì**, immer männlich, vergess ich nie!

Üben Sie den Wortschatz in verschiedenen Situationen. Sie können
sich z. B. schon morgens beim Frühstück überlegen, wie die Dinge
vor Ihnen auf dem Tisch heißen: **il cucchiaino** *(der Teelöffel)*,
**la tazza** *(die Tasse)*, **il miele** *(der Honig)*, **il latte** *(die Milch)*,
**lo zucchero** *(der Zucker)*... Lernen Sie auch immer den Artikel mit.

# 4 | Adjektive und Adverbien

## Das Adjektiv

### Übereinstimmung mit dem Substantiv

Im Italienischen gibt es zwei Klassen von Adjektiven:

* Adjektive, die eine männliche Form auf **-o** und eine weibliche Form auf **-a** haben (die im Plural zu **-i** bzw. **-e** werden),
* Adjektive, die für beide Geschlechter eine einzige Form haben, und zwar auf **-e** (Plural auf **-i**).

|   | Singular | Plural |
|---|---|---|
| m<br>w | un testo complicat**o**<br>una grammatica complicat**a** | testi complicat**i**<br>grammatiche complicat**e** |
| m<br>w | un testo<br>una grammatica } facil**e** | testi<br>grammatiche } facil**i** |

Adjektive richten sich im Italienischen in Geschlecht und Zahl immer nach den Substantiven/Personen, auf die sie sich beziehen (auch wenn das Verb dazwischen steht):

| männlich | Gianni è spiritos**o**. | Gianni e Carlo sono spiritos**i**. |
|---|---|---|
| **männlich und weiblich** | | Gianni e Maria sono spiritos**i**. |
| **weiblich** | Maria è spiritos**a**. | Maria e Tina sono spiritos**e**. |

Wenn die bezeichneten Substantive/Personen aus einer gemischten (männlichen und weiblichen) Mehrzahl bestehen, verwendet man im Italienischen die männliche Pluralform des Adjektivs.

### Besondere Eigenschaften der Adjektive

#### Adjektive auf *-re*

Bei Adjektiven auf **-re** kann das **e** weggelassen werden, wenn sie unmittelbar vor einem Substantiv stehen: **maggiore – il maggior numero** *(die größte Zahl)*; **peggiore – il peggior nemico** *(der schlimmste Feind)*.

## Pluralbildung der Adjektive auf *-co/ca, -go/ga, -io/ia, -ista*

Für Adjektive mit den obigen Endungen gelten in der Pluralbildung meist die gleichen Regeln wie bei Substantiven (▶ Kapitel 3).
Aber Achtung: Adjektive auf **-go** bilden (anders als die Substantive!) den Plural immer auf **-ghi**!

## Pluralbildung der zusammengesetzten Adjektive

Bei zusammengesetzten Adjektiven ändert sich nur der zweite Bestandteil: **sordomuto, sordomuti** *(taubstumm)*.

## Unveränderliche Adjektive

Folgende Adjektive sind unveränderlich:

- manche Farbbezeichnungen:
  **arancio** *(orange)*, **beige, blu** *(dunkelblau)*, **lilla, rosa, turchese** *(türkis)*, **viola** *(violett)*
- zusammengesetzte Farbbezeichnungen: **pantaloni verde chiaro** *(hellgrüne Hose)*; **gonne giallo senape** *(senfgelbe Röcke)*.
- Adjektive, die aus adverbialen Wendungen stammen, z. B.: **perbene** *(anständig)*: **uomini perbene**
- Adjektive, die als Fremdwörter gelten, z. B.: **chic, snob, standard, tabù**

## *bello, buono, grande, santo*

Die Adjektive **bello, buono, grande, santo** haben wie die Artikel Kurzformen.

**Bello** verhält sich vor männlichen Substantiven wie der bestimmte Artikel (▶ Kapitel 2) und wie **quello** (▶ Kapitel 8):

| | |
|---|---|
| il bambino – un bel bambino | i bambini – bei bambini |
| lo studente – un bello studente | gli studenti – begli studenti |
| l'amico – un bell'amico | gli amici – begli amici |

Bei der weiblichen Form ist es möglich, vor Substantiven, die mit Vokal anfangen, einen Apostrophen zu setzen:
**una bella amica,** aber auch **una bell'amica.**

**Buono** verhält sich vor männlichen Substantiven wie der unbestimmte Artikel (▶ Kapitel 2 Der unbestimmte Artikel und der Teilungsartikel):

**un** bambino  – un buo**n** bambino
**uno** studente – un buo**no** studente
**un** amico   – un buo**n** amico

**Grande** kann vor einem Substantiv im Singular zu **gran** gekürzt werden: **una gran/grande confusione** *(ein großes Durcheinander)*, **un gran/grande sognatore** *(ein großer Träumer)*.

Das ist bei Substantiven ausgeschlossen, die mit s + Konsonant, z, x, gn, pn oder ps beginnen: **un grande scrittore, una grande zona.**

**Santo** wird zu **San** gekürzt, wenn es vor einem männlichen Heiligennamen steht, der mit Konsonant beginnt (außer vor s + Konsonant): **San Lorenzo,** aber: **Santo Stefano.**

## Die Stellung der Adjektive

 Anders als im Deutschen steht die Mehrzahl der Adjektive im Italienischen nach dem Substantiv.

Immer nachgestellt werden:

1. Adjektive, die ein markantes Unterscheidungsmerkmal bezeichnen, wie z. B. Nationalität, Farbe, Form, politische und religiöse Zugehörigkeit usw.:
   **un disco italiano** *(eine italienische Platte);* **una borsa blu** *(eine blaue Tasche);* **una scatola quadrata** *(eine viereckige Schachtel);* **il partito socialista** *(die sozialistische Partei);* **la chiesa cattolica** *(die katholische Kirche)*

2. Relationsadjektive, die oft einem deutschen zusammengesetzten Substantiv entsprechen:
   **il traffico stradale** *(der Straßenverkehr);* **la tassa comunale** *(die Gemeindesteuer)*

3. Partizipien, die als Adjektive dienen:
   **carne macinata** *(Hackfleisch);* **una motivazione convincente** *(eine überzeugende Begründung)*

4. „schwere" Adjektive, d. h. in der Regel mehrsilbige Adjektive, näher bestimmte Adjektive sowie mehrere Adjektive hintereinander:
   **in tono supplichevole** *(mit flehendem Ton);* **una bevanda veramente dissetante** *(ein wirklich erfrischendes Getränk);* **una casa piccola e buia** *(eine kleine, dunkle Wohnung)*

Vor dem Substantiv stehen meist folgende Adjektive: **bello, bravo, buono, caro, cattivo, giovane, grande, piccolo, santo, strano, vecchio.**

Ansonsten gilt: Adjektive vor dem Substantiv sind unbetont und haben eine beschreibende Funktion:

**Ho guardato un breve film.**     *Ich habe einen kurzen Film ange-*
                                   *schaut.*

Adjektive, die nach dem Substantiv stehen, sind betont und haben eine unterscheidende Funktion:

**Ho guardato un film breve.**     *Ich habe einen kurzen Film ange-*
                                   *schaut.*

**(non lungo come quelli che**     *(nicht so lang wie die, die ich nor-*
**guardo di solito)**              *malerweise anschaue)*

> ! Einige Adjektive haben eine unterschiedliche Bedeutung, je
> nachdem, ob sie vor oder nach dem Substantiv stehen:

| | | |
|---|---|---|
| **buono** | a. **un buon cuoco** | *ein guter (= fähiger) Koch* |
| | b. **un cuoco buono** | *ein guter (herzensguter) Koch* |
| **caro** | a. **un caro ragazzo** | *ein liebenswerter Junge* |
| | b. **un locale caro** | *ein teures Lokal* |
| **certo** | a. **una certa somiglianza** | *eine gewisse Ähnlichkeit* |
| | b. **una prova certa** | *ein sicherer Beweis* |
| **diverso** | a. **diverse persone** | *mehrere Leute* |
| | b. **persone diverse** | *unterschiedliche Personen* |
| **grande** | a. **un grand'uomo** | *ein vortrefflicher Mann* |
| | b. **un uomo grande** | *ein großer Mann* |
| **povero** | a. **un pover'uomo** | *ein armer (= bedauerns-* |
| | | *werter) Mann* |
| | b. **un uomo povero** | *ein armer (= mittelloser) Mann* |
| **semplice** | a. **una semplice proposta** | *nur ein Vorschlag* |
| | b. **una proposta semplice** | *ein einfacher Vorschlag* |
| **solo** | a. **una sola donna** | *eine einzige Frau* |
| | b. **una donna sola** | *eine allein stehende Frau* |

## Adjektive als Substantive

Fast alle Adjektive können im Italienischen als Substantive gebraucht werden, in der männlichen Form und mit dem bestimmten Artikel (im Deutschen: Neutrum): **il vero** *(das Wahre)*, **il bello** *(das Schöne)*.

Beachten Sie:
- **qualcosa/niente di bello,** *etwas/nichts Schönes,*
  **di interessante ...** *Interessantes ...*
- **La cosa più importante** *Das Wichtigste ist, die Regeln*
  **è imparare le regole.** *zu lernen.*

# Das Adverb

## Adverbien mit eigener Form

Eine sehr große Gruppe von Adverbien sind die ursprünglichen Adverbien, die von keinem anderen Wort abgeleitet sind. Hier einige Beispiele: **volentieri** *(gern)*; **abbastanza** *(ziemlich)*; **soltanto** *(lediglich)*; **anche** *(auch)*; **quasi** *(fast)*; **qui** *(hier)*; **là** *(dort)*; **adesso** *(jetzt)*; **allora** *(damals)*; **oggi** *(heute)*; **ieri** *(gestern)*; **purtroppo** *(leider)*; **spesso** *(oft)*; **forse** *(vielleicht)*; **magari** *(vielleicht, und wie!)*; **comunque** *(jedenfalls)* usw.

Dazu gehören auch die häufig vorkommenden Adverbien **molto** *(viel)*, **poco** *(wenig)*, **troppo** *(zu viel)* und **tanto** *(viel)*, die nicht nur Pronomen bzw. Adjektiv sein können (▶ Kapitel 8 die Indefinita).

### Leicht gemerkt!

Um sich die vielen kleinen Wörter besser zu merken, können Sie sie einfach nach bestimmten Kriterien ordnen, z. B. indem Sie sich Gegensätze merken (**spesso – di rado**, *oft – selten*). Oder Sie zeichnen sich eine Treppe mit je einem Wort auf jeder Stufe:
**niente – poco – abbastanza – molto – troppo**
*(nichts – wenig – genug – viel – zu viel)*

Manche Adverbien lassen sich verbinden, z. B. **là** *(da, dort)* und **su** *(oben)* bzw. **giù** *(unten)*. Dabei verdoppelt sich der Konsonant und der Endvokal bekommt einen Akzent: **lassù** *(da oben)*, **laggiù** *(da unten)*. Sie finden diese Formen in einem Lied, das Sie sicher kennen:

---

| | |
|---|---|
| Volare, oho! | *Fliegen, oho!* |
| Cantare, ohohoho! | *Singen, ohohoho!* |
| Nel blu, dipinto di blu, | *In einem Blau in Blau gemalt,* |
| felice di stare **lassù**. | *glücklich, da oben zu sein.* |
| E volavo, volavo felice più in | *Und ich flog und flog glücklich, hoch* |
| alto del sole, ancora più su | *bis zur Sonne, sogar noch höher,* |
| mentre il mondo pian piano | *während sich die Welt weit da* |
| spariva lontano **laggiù** … | *unten allmählich entfernte* … |

## Von Adjektiven abgeleitete Adverbien

Die meisten Adverbien sind von Adjektiven abgeleitet und werden durch Anhängen der Endung **-mente** gebildet:

* weibliche Form der Adjektive auf **-o/-a** + **-mente**:

| | | |
|---|---|---|
| **stupida** | **stupidamente** | *dumm* |

* Adjektive auf **-e** + **-mente**:

| | | |
|---|---|---|
| **semplice** | **semplicemente** | *einfach* |

* Adjektive auf **-le, -re** verlieren das **e**:

| | | |
|---|---|---|
| **probabile** | **probabilmente** | *wahrscheinlich* |

> **!** Die Adverbien von **leggero** (*leicht*) und **violento** (*gewalttätig,*
> *heftig*) werden unregelmäßig gebildet! Sie lauten **leggermente**
> bzw. **violentemente**.

## Die Stellung der Adverbien

1. Adverbien, die den Verbinhalt näher beschreiben (wie die Adverbien der Art und Weise und der Menge), stehen immer hinter dem Hauptverb:

| | | | | |
|---|---|---|---|---|
| | **va** | | | *fährt langsam.* |
| **Carlo** | **è andato** | **piano.** | *Carlo* | *ist langsam gefahren.* |
| | **vuole andare** | | | *will langsam fahren.* |

2. Die unbestimmten Zeitadverbien **già, quasi** und **sempre** stehen meist zwischen Hilfsverb und Partizip:

| | |
|---|---|
| **Hai già/quasi letto il** | *Hast du die Zeitung schon/* |
| **giornale?** | *fast gelesen?* |

3. **Anche** steht vor dem Wort, auf das es sich bezieht:

| | |
|---|---|
| **Ci andiamo anche noi.** | *Wir gehen auch hin.* |

4. Zeit- und Ortsadverbien können überall im Satz stehen außer zwischen Hilfsverb und Verb (anders als im Deutschen!):
**Ieri ho visto la partita./**
**Ho visto la partita, ieri./**    *Ich habe gestern das Fußballspiel*
**Ho visto ieri la partita.**    *angeschaut.*

5. Die Stellung von Adverbien, die sich auf den gesamten Satzinhalt beziehen, ist frei:
**Purtroppo lo spettacolo è esaurito./**
**Lo spettacolo purtroppo è esaurito./**    *Die Vorstellung ist leider*
**Lo spettacolo è purtroppo esaurito./**    *ausverkauft.*
**Lo spettacolo è esaurito, purtroppo.**

# Die Steigerung der Adjektive und Adverbien

## Die Steigerung der Adjektive

1. Der Komparativ wird gebildet durch Voranstellen von **più** oder **meno:**
**Roma è più rumorosa**    *Rom ist lauter (als Stuttgart).*
**(di Stoccarda).**

2. Der relative Superlativ wird mit dem Komparativ und dem bestimmten Artikel gebildet. Beachten Sie die zwei möglichen Wortstellungen!
**Ma resta la città più bella del mondo.**    *Aber es bleibt die*
        **la più bella città del mondo.**    *schönste Stadt der Welt.*

3. Der absolute Superlativ, der den sehr hohen Grad einer Eigenschaft ausdrückt, wird durch die Endung **-issimo** gebildet:
**Roma è bellissima!**    *Rom ist wunderschön!*

> Aufgepasst: Wenn der Stamm des Adjektivs auf **-co** oder **-go** endet, wird beim absoluten Superlativ meist ein **-h-** eingeschoben (**antico – antichissimo, lungo – lunghissimo**). Aber Vorsicht: **pratico – praticissimo!**

Der sehr hohe Grad einer Eigenschaft kann im Italienischen natürlich auch durch andere Mittel wiedergegeben werden, wie:

* **molto** + Adjektiv (z. B. **molto bello**),
* die Wiederholung des gleichen Adjektivs (z. B. **una casa grande grande**)
* Hinzufügen eines anderen Adjektivs (z. B. **stanco morto, innamorato cotto**)

Das deutsche *als* in vergleichenden Sätzen wird durch **di** oder **che** wiedergegeben (▶ Kapitel 4 Die Wiedergabe von *als*).

**Roma è bellissima.** *Rom ist wunderschön.*

## Unregelmäßige Steigerungsformen der Adjektive

**Buono, cattivo, grande, piccolo, alto** und **basso** haben neben den regelmäßigen auch unregelmäßige Steigerungsformen:

|         | Komparativ | rel. Superlativ | abs. Superlativ |
|---------|------------|-----------------|-----------------|
| **buono**   | migliore   | il migliore     | ottimo          |
| **cattivo** | peggiore   | il peggiore     | pessimo         |
| **grande**  | maggiore   | il maggiore     | massimo         |
| **piccolo** | minore     | il minore       | minimo          |
| **alto**    | superiore  | il superiore    | supremo, sommo  |
| **basso**   | inferiore  | l'inferiore     | infimo          |

In der Grundbedeutung *gutherzig* bzw. *bösartig,* sowie im Zusammenhang mit Speisen und Getränken werden **buono** und **cattivo** meist regelmäßig gesteigert:

| | |
|---|---|
| **San Francesco era più buono di me.** | *Der Heilige Franziskus war gutherziger als ich.* |
| **La birra italiana è più cattiva di quella tedesca.** | *Italienisches Bier ist schlechter als deutsches.* |

Die unregelmäßigen Formen haben grundsätzlich eine übertragene Bedeutung:

| | |
|---|---|
| **Questo tipo di legno è migliore di quello.** | *Diese Art Holz ist besser als jene.* |
| **I costi sono stati maggiori del previsto.** | *Die Ausgaben waren höher als vorgesehen.* |

Vorsicht: **maggiore, minore, superiore** und **inferiore** sind keine echten Komparativformen, da sie in vergleichenden Strukturen nicht vorkommen können.
Also: **Mio fratello è** **più piccolo di** **me, è il mio fratello** **minore.**

Eine Reihe von Adjektiven hat für den absoluten Superlativ eine andere Endung als **-issimo,** und zwar **-errimo.** Dazu zählen **acre – acerrimo** (**un acerrimo nemico** = *ein Erzfeind,* aber **un sapore molto acre** = *ein ganz saurer Geschmack*), **celebre – celeberrimo, misero – miserrimo, integro – integerrimo.**

## Die Steigerung der Adverbien

Zahlreiche Adverbien haben wie Adjektive einen Komparativ und einen Superlativ. Hier eine Übersicht:

| Regelmäßige Steigerungsformen | | | |
|---|---|---|---|
| | Komparativ | relativer Superlativ | absoluter Superlativ |
| tardi | **più** tardi | **più** tardi **di tutti** | tard**issimo** |
| *spät* | *später* | *am spätesten* | *sehr spät* |
| **semplice- mente** | **più** semplice- mente | **più** semplicemente **di tutti** | semplic**issimamente**\* **molto** semplicemente |
| *einfach* | *einfacher* | *am einfachsten* | *sehr einfach* |

\* der Superlativ der Adverbien auf **-mente** wird folgendermaßen gebildet: Adjektivstamm + Endung **-issimamente!**
Allerdings wird meist die Lösung **molto** + Adverb bevorzugt.

| Unregelmäßige Steigerungsformen | | | |
|---|---|---|---|
| **bene** | meglio | meglio di tutti | ottimamente/benissimo |
| *gut* | *besser* | *am besten* | *sehr gut* |
| **male** | peggio | peggio di tutti | pessimamente/malissimo |
| *schlecht* | *schlechter* | *am schlechtesten* | *sehr schlecht* |
| **molto** | più | più di tutti | moltissimo |
| *viel/sehr* | *mehr* | *am meisten* | *sehr viel* |
| **poco** | meno | meno di tutti | pochissimo |
| *wenig* | *weniger* | *am wenigsten* | *sehr wenig* |

## Carla     Silvia     Davide

**Silvia è più grande di Carla, ma meno grande di Davide. Davide è il più grande di tutti, Carla invece è la più piccola.**
*Silvia ist größer als Carla, aber kleiner als Davide. Davide ist der größte von allen, Carla dagegen ist die kleinste.*

## Die Wiedergabe von *als*

- Mit **di:** Steht vor *als* der Komparativ eines Adjektivs und folgt darauf
  ein Substantiv oder ein Pronomen, wird es durch **di** wiedergegeben:

  **La seta è più costosa del**     *Seide ist teurer als Baumwolle.*
  **cotone.**

  **Sono meno puntuale di te.**     *Ich bin weniger pünktlich als du.*

  Auch vor Zahlen wird **di** verwendet:

  **Voglio più di due figli.**     *Ich will mehr als zwei Kinder.*

- Mit **che:** Werden zwei Substantive, zwei Adjektive, zwei Adverbien,
  zwei Verben im Infinitiv oder zwei präpositionale Fügungen ver-
  glichen, wird **che** verwendet:

  **C'erano più uomini che donne.**   *Es waren mehr Männer als Frauen da.*

  **Questo corso è più stancante**    *Dieser Kurs ist eher anstrengend*
  **che appassionante.**     *als begeisternd.*

  **Preferisco sedere fuori che**    *Ich sitze lieber draußen als drinnen.*
  **dentro.**

  **È più importante vivere**     *Es ist wichtiger zu leben als zu*
  **che lavorare.**     *arbeiten.*

  **In Italia ci sono più inse-**    *In Italien gibt es mehr Lehrer*
  **gnanti che (non) in Germania.**   *als in Deutschland.*

- Wenn auf *als* ein Nebensatz folgt, wird **di quanto, di quello/quel
  che** oder seltener **che** benutzt. Das Verb ist dabei im Indikativ
  oder im Konjunktiv – wenn ein **non** verstärkend hinzukommt,
  ist der Konjunktiv obligatorisch:

  **È stato più bello di quanto**   *Es ist schöner gewesen als ich dachte.*
  **credevo/(non) credessi.**

  **Il libro mi sembra più**     *Das Buch scheint mir interessanter*
  **interessante di quel che**    *als ich glaubte.*
  **pensavo/pensassi.**

## Die Wiedergabe von *(eben)so … wie*

*(Eben)so … wie* wird im Italienischen durch **(tanto) … quanto** oder
durch **(così) … come** wiedergegeben. **Tanto** und **così** werden im heuti-
gen Sprachgebrauch meist weggelassen, wenn zwei Substantive in
Bezug auf ein Adjektiv verglichen werden:

**Roma è (tanto) verde quanto**   *Rom ist so grün wie Stuttgart.*
**Stoccarda.**

**Paola è (così) simpatica come**   *Paola ist so sympathisch wie Carla.*
**Carla.**

Wenn aber zwei Adjektive oder zwei Verben verglichen werden, müssen **tanto** und **così** verwendet werden:

| | |
|---|---|
| **È un uomo** tanto **buono** quanto **bello.** | *Er ist ein ebenso guter wie schöner Mann.* |
| **Adoro dormire al sole** così come **fare il bagno in mare.** | *Ich liebe es genauso in der Sonne zu schlafen wie im Meer zu baden.* |

Adjektive mit **vier Endungen: -o**, **-a** im Singular und **-i**, **-e** im Plural, z. B. **biond**o, **biond**a, **biond**i, **biond**e.
Adjektive mit **zwei Endungen: -e** im Singular und **-i** im Plural, z. B. **gentil**e, **gentil**i.
Es gibt auch unveränderliche Adjektive, z.B. bestimmte Farben wie **blu, arancio**
**Bello, buono, grande** und **santo** können verkürzt werden.

Den Superlativ drücken Sie aus, indem Sie vor das Adjektiv den bestimmten Artikel + **più** (oder **meno**) und hinter das Adjektiv die Präposition **di** (+ Artikel) setzen, z.B. la più bella **città** del **mondo**. Oder Sie setzen **-issimo** hinter den Stamm des Adjektivs: **bell**issimo.

Das Adjektiv machen Sie zum Adverb, indem Sie **-mente** an die weibliche Form anhängen.

**Di** steht zwischen **Komparativ eines Adjektivs** und **Substantiv/ Pronomen**!
**Che** steht zwischen **zwei Substantiven/Adjektiven/Adverbien/Verben**!
Merken Sie sich dazu:

| | |
|---|---|
| **È meglio andare all'osteria** che **alla farmacia.** | *Besser man geht ins Gasthaus als in die Apotheke.* |

Formulieren Sie auf Italienisch Sätze im Komparativ mit Bezug auf Italien, z. B. *Rom ist größer als Venedig, Florenz ist schöner als Mailand* etc.

---

 Schreiben Sie zehn Substantive und Adjektive auf verschiedenfarbige Kärtchen. Ziehen Sie davon jeweils ein Substantiv und ein Adjektiv und bilden Sie damit Sätze. Achten Sie auf die Angleichung des Adjektivs!

---

# 5 | Das Zahlwort

## Die Grundzahlen

Wo die Buchstaben unterstrichen sind, liegt der Akzent!
Der letzte Buchstabe von **venti**, **trenta**, **quaranta** usw. verschwindet,
wenn **uno** oder **otto** folgen! Beispiele davon sind unten fett markiert.

| | | | |
|---|---|---|---|
| 0 | zero | 32 | trentadue |
| 1 | uno | 38 | trent**o**tto |
| 2 | due | 40 | quaranta |
| 3 | tre | 50 | cinquanta |
| 4 | quattro | 60 | sessanta |
| 5 | cinque | 70 | settanta |
| 6 | sei | 80 | ottanta |
| 7 | sette | 90 | novanta |
| 8 | otto | 100 | cento |
| 9 | nove | 101 | centouno |
| 10 | dieci | 108 | centootto |
| 11 | undici | 109 | centonove |
| 12 | dodici | 111 | centoundici |
| 13 | tredici | 180 | centottanta |
| 14 | quattordici | 200 | duecento |
| 15 | quindici | 300 | trecento |
| 16 | sedici | 400 | quattrocento |
| 17 | diciassette | 500 | cinquecento |
| 18 | diciotto | 600 | seicento |
| 19 | diciannove | 700 | settecento |
| 20 | venti | 800 | ottocento |
| 21 | vent**u**no | 900 | novecento |
| 22 | ventidue | 1.000 | mille |
| 23 | ventitré | 1.001 | milleuno |
| 24 | ventiquattro | 1.050 | millecinquanta |
| 25 | venticinque | 2.000 | duemila |
| 26 | ventisei | 10.000 | diecimila |
| 27 | ventisette | 100.000 | centomila |
| 28 | vent**o**tto | 1.000.000 | un milione |
| 29 | ventinove | 2.000.000 | due milioni |
| 30 | trenta | 1.000.000.000 | un miliardo |
| 31 | trent**u**no | 3.000.000.000 | tre miliardi |

34.700 schreibt man **trentaquattromila settecento**

- Grundzahlen sind immer männlich.
- Wenn eine Zahl, die auf **uno** endet, vor einem Substantiv steht, fällt das **-o** von **uno** weg: **vent**un **persone, trent**un **lettere, cin-quant**un **richieste**.
- Steht das Zahlwort **tre** am Wortende, kommt auf das **e** ein Akzent: **ventitré**.
- **Mille** wird im Plural zu **mila**.
- Es heißt **mille visitatori**, aber: **un milione/miliardo** di **visitatori**.

Die Zahlen von eins bis zwanzig und die Zehnerzahlen sollten Sie auswendig lernen. Dann können Sie alle weiteren Zahlen ganz einfach bilden. Denken Sie nur daran, dass man die Zahlen ab siebzehn andersherum als im Deutschen liest, z.B.

27 auf Deutsch: **sieben-und-zwanzig**

27 auf Italienisch: **venti-sette** (= zwanzig-sieben)

**Non c'è due senza tre.** *Aller guten Dinge sind drei.*

## Gebrauch der Grundzahlen

| 1. Alter | **Ho trent'anni.** | *Ich bin dreißig Jahre alt.* |

Bei der Altersangabe wird **avere** verwendet.

| 2. Datum | **Oggi è il tre ottobre.** aber: **Oggi è il primo ottobre.** | *Heute ist der dritte Oktober.* *Heute ist der erste Oktober.* |

Für den Ersten des Monats wird die Ordnungszahl benutzt.
(= **è il primo …**)

Datum in Briefen:   **Roma, 5/4/2008   Roma, 5 aprile 2008**

Beachten Sie:
**Quanti ne abbiamo oggi?**   *Den Wievielten haben wir heute?*

Auch der bestimmte Artikel dient dazu, das Datum anzugeben:
**Il quindici agosto in Italia**   *Am 15. August feiert man in*
**si festeggia il ferragosto.**   *Italien ferragosto.*

| 3. Jahreszahlen | **nell'anno/nel 1997** **Schiller visse dal 1759 al 1805.** | *(im Jahre) 1997* *Schiller lebte von 1759 bis 1805.* |
| 4. Maßangaben | **Il monte è alto tremila metri.** **Il lago è profondo quattro metri.** | *Der Berg ist 3000 Meter hoch.* *Der See ist vier Meter tief.* |
| 5. Uhrzeit | **Sono le sette e cinque.** **Sono le sette e un quarto.** | *Es ist fünf nach sieben.* *Es ist Viertel nach sieben.* |

Die Uhrzeit wird mit der 3. Person Plural von **essere** und dem weiblichen Pluralartikel **le** angegeben (**Sono le …** + Zahl), da bei dieser Angabe **le ore** (*die Stunden*) impliziert wird. Bei *ein Uhr* steht dann natürlich nur der Singular: **È l'una.**

Nach der Uhrzeit fragt man mit **Che ora è?** oder **Che ore sono?**

Die Minuten werden bis zur 39. Minute mit der Konjunktion **e** an die Stunde angehängt:
6.10 = **Sono le sei e dieci.**   *Es ist zehn nach sechs.*

Ab der 40. Minute werden die Minuten von der folgenden Stunde abgezogen:

5.40 = **Sono le sei meno venti.**  *Es ist zwanzig vor sechs.*

Sowohl vormittags als auch nachmittags zählt man bei der Angabe der Uhrzeit bis zwölf. Nur in offiziellem Rahmen wie Fernsehen, Radio, Bahnhof etc. wird bis 24 Uhr gezählt:

**Il treno per Firenze parte alle**  *Der Zug nach Florenz fährt um*
**ore 16.00.**  *16.00 Uhr ab.*

 È l'una.

 Sono le dodici meno un quarto.

 Sono le tre meno cinque.

 È mezzogiorno.

 Sono le quattro meno venti.

 Sono le dodici e un quarto.

 Sono le cinque e venticinque.

 È l'una meno cinque.

 Nehmen Sie sich eine Uhr zur Hand, bei der man schnell und einfach die Zeit verstellen kann (am besten eine analoge Uhr, einen Wecker), und verstellen Sie die Zeiger willkürlich, ohne hinzusehen. Lesen Sie dann laut die eingestellte Uhrzeit auf Italienisch ab. Wiederholen Sie das, bis Ihnen die Uhrzeiten geläufig sind.

## Die Ordnungszahlen

| | | | |
|---|---|---|---|
| 1° | primo | 8° | ottavo |
| 2° | secondo | 9° | nono |
| 3° | terzo | 10° | decimo |
| 4° | quarto | 11° | undicesimo |
| 5° | quinto | 12° | dodicesimo |
| 6° | sesto | 13° | tredicesimo |
| 7° | settimo | 14° | quattordicesimo |

| | | | |
|---|---|---|---|
| 15° | quindicesimo | 101° | centunesimo |
| 16° | sedicesimo | 102° | centesimosecondo |
| 17° | diciassettesimo | 200° | duecentesimo |
| 18° | diciottesimo | 300° | trecentesimo |
| 19° | diciannovesimo | 400° | quattrocentesimo |
| 20° | ventesimo | 500° | cinquecentesimo |
| 21° | ventunesimo | 600° | seicentesimo |
| 22° | ventiduesimo | 700° | settecentesimo |
| 23° | ventitr**ee**simo | 800° | ottocentesimo |
| 30° | trentesimo | 900° | novecentesimo |
| 31° | trentunesimo | 1.000° | millesimo |
| 40° | quarantesimo | 1.001° | millesimoprimo |
| 50° | cinquantesimo | 1.002° | millesimosecondo |
| 60° | sessantesimo | 2.000° | duemillesimo |
| 70° | settantesimo | 3.000° | tremillesimo |
| 80° | ottantesimo | 10.000° | diecimillesimo |
| 90° | novantesimo | 100.000° | centomillesimo |
| 100° | centesimo | 1.000.000° | milionesimo |

 Im Gegensatz zum Deutschen wird die Ordnungszahl nicht mit einem Punkt nach der Zahl angezeigt, sondern mit dem letzten Buchstaben der Ordnungszahl, der hochgestellt wird:
**il 1° piano, la 2ᵃ classe.**

## Gebrauch der Ordnungszahlen

| 1. Jahrhunderte | **il diciannovesimo secolo** | *das 19. Jahrhundert* |
|---|---|---|

Ab dem 13. Jahrhundert werden im Italienischen Jahrhunderte auch anders bezeichnet:
**il '200 = il Duecento** (*das 13. Jahrhundert*)
**il '300 = il Trecento** (*das 14. Jahrhundert*)
...
**il '900 = il Novecento** oder auch **il 20° secolo** (*das 20. Jahrhundert*)

| 2. Päpste, Könige | **Luigi XIV.** | *Ludwig XIV.* |
|---|---|---|
| | **Luigi quattordicesimo** | |

Vorsicht: Hier steht kein Artikel vor der Ordnungszahl!

# Die Vervielfältigungszahlen

Eine Menge, die zweimal, dreimal usw. größer ist als eine andere:
**Doppio** *(doppelt)*, **triplo** *(dreifach)*, **quadruplo** *(vierfach)*, **quintuplo** *(fünf-fach)*, **sestuplo** *(sechsfach)*, **decuplo** *(zehnfach)*, **centuplo** *(hundertfach)*.
**Quella casa costa il triplo.**     *Jenes Haus kostet das Dreifache.*

*„Dreimal so viel"* (usw.) heißt **tre volte tanto** (usw.):
**Lavoro quattro volte tanto.**     *Ich arbeite viermal so viel.*

# Die Kollektivzahlen

Kollektivzahlen sind **una decina** *(etwa 10)*, **una dozzina** *(12)*,
**una ventina** *(etwa 20)*, **una trentina** *(etwa 30)* usw., **un centinaio**
*(etwa 100)*, **un migliaio** *(etwa 1000)*.

# Maße, Gewichte und Bruchzahlen

| | | | |
|---|---|---|---|
| 1 mm | un millimetro | 100 g | un etto(grammo) |
| 1 cm | un centimetro | 200 g | due etti |
| 1 m | un metro | 1 kg | un chilo(grammo) |
| 1 km | un chilometro | 50 kg | mezzo quintale |
| 1 m$^2$ | un metro quadro/quadrato | 100 kg | un quintale |
| 1 m$^3$ | un metro cubo | 1 t | una tonnellata |
| 1 l | un litro | | |
| 1° +/- | un grado sopra/sotto zero | | |

| | |
|---|---|
| $^1/_2$ | un mezzo |
| $^1/_3$ | un terzo |
| $^1/_4$ | un quarto |
| $^3/_4$ | tre quarti |
| $^1/_{100}$ | un centesimo |

**!**
- **due etti di formaggio**     *200 g Käse*
- **un metro di stoffa**     *ein Meter Stoff*
- **mezzo chilo**     *ein Pfund*

# Rechnen

| | |
|---|---|
| 1 + 1 = 2 | Uno più uno fa due. |
| 4 – 1 = 3 | Quattro meno uno fa tre. |
| 2 x 2 = 4 | Due per due fa quattro. |
| 12 : 4 = 3 | Dodici diviso (per) quattro fa tre. |

# 6 | Die Formen der Verben

## Die regelmäßigen Verben

Im Italienischen unterscheidet man drei Konjugationen:
- die Verben auf **-are (am**are**)**
- die Verben auf **-ere (vend**ere**)**
- die Verben auf **-ire (sent**ire**)**

**!** Vergessen Sie bitte nicht: Im Italienischen sind Subjektprono-
men nicht obligatorisch (▶ Kapitel 8 Subjektpronomen), außer
wenn sie betont sind! Aus der Endung des Verbs ist die Person
ersichtlich. Das bedeutet jedoch, dass Sie die Endungen beson-
ders aufmerksam lernen müssen. Zwei Beispiele:

**Abit**o **a Roma.**             *Ich wohne in Rom.*
**Studi**a **greco.**             *Er/sie studiert Griechisch.*

Die Höflichkeitsform ist die 3. Person Singular in der Einzahl **(Lei)**
und meist die 2. Person Plural in der Mehrzahl **(voi)**. Bei formeller
Ausdrucksweise wird auch die 3. Person Plural **(loro)** benutzt
(▶ Kapitel 8 Betonte Subjektpronomen).

Fett gedruckt sind in den folgenden Tabellen die Endungen, die für
alle Konjugationen gleich sind; die für jede Konjugation typischen En-
dungen sind blau.

### Leicht gemerkt!

Merken Sie sich für die Präsensformen die Wörtchen „**o ja!**" und
„**oje!**". Dann vergessen Sie nie mehr die Endungen:
Verben auf **-are** sind „**o ja!**"-Verben: **am**are: **am**o, **am**i, **am**a
(meistens regelmäßig!)
Verben auf **-ere** und **-ire** sind „**o je!**"-Verben: **ved**ere: **ved**o, **ved**i,
**ved**e; **sent**ire: **sent**o, **sent**i, **sent**e (meistens unregelmäßig!)

# Die Verben auf -are

| Indicativo | | | Congiuntivo | | |
|---|---|---|---|---|---|
| | *Presente* | *Passato prossimo* | *Presente* | *Passato* | |
| io | am**o** | ho amato | am**i** | abbia amato | |
| tu | am**i** | hai amato | am**i** | abbia amato | |
| lui | am**a** | ha amato | am**i** | abbia amato | |
| noi | am**iamo** | abbiamo amato | am**iamo** | abbiamo amato | |
| voi | am**ate** | avete amato | am**iate** | abbiate amato | |
| loro | am**ano** | hanno amato | am**ino** | abbiano amato | |

| | *Imper-fetto* | *Trapassato prossimo* | *Imperfetto* | *Trapassato* | |
|---|---|---|---|---|---|
| io | am**avo** | avevo amato | am**assi** | avessi amato | |
| tu | am**avi** | avevi amato | am**assi** | avessi amato | |
| lui | am**ava** | aveva amato | am**asse** | avesse amato | |
| noi | am**avamo** | avevamo amato | am**assimo** | avessimo amato | |
| voi | am**avate** | avevate amato | am**aste** | aveste amato | |
| loro | am**avano** | avevano amato | am**assero** | avessero amato | |

| | *Passato remoto* | *Trapassato remoto* |
|---|---|---|
| io | am**ai** | ebbi amato |
| tu | am**asti** | avesti amato |
| lui | am**ò** | ebbe amato |
| noi | am**ammo** | avemmo amato |
| voi | am**aste** | aveste amato |
| loro | am**arono** | ebbero amato |

| | *Futuro semplice* | *Futuro anteriore* |
|---|---|---|
| io | am**erò** | avrò amato |
| tu | am**erai** | avrai amato |
| lui | am**erà** | avrà amato |
| noi | am**eremo** | avremo amato |
| voi | am**erete** | avrete amato |
| loro | am**eranno** | avranno amato |

Infinito:             amare; aver amato

Gerundio:           amando; avendo amato

Participio passato: amato

|  | Condizio-nale | Condizionale passato | Imperativo | |
|---|---|---|---|---|
| io | am**erei** | avrei amato | ama! | *liebe!* |
| tu | am**eresti** | avresti amato | ami! | *lieben Sie!* |
| lui | am**erebbe** | avrebbe amato | am**iamo**! | *lieben wir!* |
| noi | am**eremmo** | avremmo amato | am**ate**! | *liebt!/lieben Sie!* |
| voi | am**ereste** | avreste amato | | |
| loro | am**erebbe-ro** | avrebbero amato | | |

## Besonderheiten bei den Verben auf *-are*

| 1. Verben auf -care und -gare | | 2. Verben auf -iare | | 3. Verben auf -ciare, -giare | |
|---|---|---|---|---|---|
| **cercare** | **pagare** | **studiare** | **inviare** | **cominciare** | **mangiare** |
| cerco | pago | studio | invio | comincio | mangio |
| cer**chi** | pa**ghi** | stud**i** | inv**ii** | comin**ci** | man**gi** |
| cerca | paga | studia | invia | comincia | mangia |
| cer**chiamo** | pa**ghiamo** | studiamo | inviamo | cominciamo | mangiamo |
| cercate | pagate | studiate | inviate | cominciate | mangiate |
| cercano | pagano | studiano | inviano | cominciano | mangiano |

Zu 1. Bei Verben auf **-care** und **-gare** wird vor die Endung **-e** und **-i** ein **-h-** geschoben, damit die Aussprache erhalten bleibt.

Zu 2. Bei Verben auf **-iare** entfällt das **-i-** vor einer Endung mit **-i**. Wenn das **-i-** des Stammes betont ist (wie bei **inviare**), bleibt es jedoch erhalten.

Zu 3. Bei Verben auf **-ciare** und **-giare** entfällt das **-i-** auch vor einer Endung mit **-e** (also im *Futuro semplice!*)

! Nur vier Verben auf **-are** sind unregelmäßig: **andare, dare, stare, fare** (▶ Kapitel 6 Die unregelmäßigen Verben).

# Die Verben auf *-ere*

## Indicativo

|  | Presente | Passato prossimo | |
|---|---|---|---|
| io | vend**o** | ho | venduto |
| tu | vend**i** | hai | venduto |
| lui | vend**e** | ha | venduto |
| noi | vend**iamo** | abbiamo | venduto |
| voi | vend**ete** | avete | venduto |
| loro | vend**ono** | hanno | venduto |

|  | Imperfetto | Trapassato prossimo | |
|---|---|---|---|
| io | vend**evo** | avevo | venduto |
| tu | vend**evi** | avevi | venduto |
| lui | vend**eva** | aveva | venduto |
| noi | vend**evamo** | avevamo | venduto |
| voi | vend**evate** | avevate | venduto |
| loro | vend**evano** | avevano | venduto |

|  | Passato remoto | Trapassato remoto | |
|---|---|---|---|
| io | vend**ei**/ vend**etti** | ebbi | venduto |
| tu | vend**esti** | avesti | venduto |
| lui | vend**é**/ vend**ette** | ebbe | venduto |
| noi | vend**emmo** | avemmo | venduto |
| voi | vend**este** | aveste | venduto |
| loro | vend**erono**/ vend**ettero** | ebbero | venduto |

|  | Futuro semplice | Futuro anteriore | |
|---|---|---|---|
| io | vend**erò** | avrò | venduto |
| tu | vend**erai** | avrai | venduto |
| lui | vend**erà** | avrà | venduto |
| noi | vend**eremo** | avremo | venduto |
| voi | vend**erete** | avrete | venduto |
| loro | vend**eranno** | avranno | venduto |

## Congiuntivo

|  | Presente | Passato | |
|---|---|---|---|
| io | vend**a** | abbia | venduto |
| tu | vend**a** | abbia | venduto |
| lui | vend**a** | abbia | venduto |
| noi | vend**iamo** | abbiamo | venduto |
| voi | vend**iate** | abbiate | venduto |
| loro | vend**ano** | abbiano | venduto |

|  | Imperfetto | Trapassato | |
|---|---|---|---|
| io | vend**essi** | avessi | venduto |
| tu | vend**essi** | avessi | venduto |
| lui | vend**esse** | avesse | venduto |
| noi | vend**essimo** | avessimo | venduto |
| voi | vend**este** | aveste | venduto |
| loro | vend**essero** | avessero | venduto |

Infinito: vendere; aver venduto

Gerundio: vendendo; avendo venduto

*Participio passato:* venduto

|      | Condizionale     | Condizionale passato | Imperativo |              |
|------|------------------|----------------------|------------|--------------|
| io   | vend**e**rei     | avrei venduto        | vend**i**!     | *verkaufe!*      |
| tu   | vend**e**resti   | avresti venduto      | vend**a**!     | *verkaufen Sie!* |
| lui  | vend**e**rebbe   | avrebbe venduto      | vend**iamo**!  | *verkaufen wir!* |
| noi  | vend**e**remmo   | avremmo venduto      | vend**ete**!   | *verkauft!*      |
| voi  | vend**e**reste   | avreste venduto      |            | *verkaufen Sie!* |
| loro | vend**e**rebbero | avrebbero venduto    |            |              |

## Besonderheiten bei den Verben auf *-ere*

### Verben auf *-cere, -gere*

| **vincere:** | vinc**o**    | **conoscere:** | conosc**o**    | **leggere:** | legg**o**    |
|--------------|--------------|----------------|----------------|--------------|--------------|
| *siegen*     | vinc**i**    | *kennen*       | conosc**i**    | *lesen*      | legg**i**    |
|              | vinc**e**    |                | conosc**e**    |              | legg**e**    |
|              | vinc**iamo** |                | conosc**iamo** |              | legg**iamo** |
|              | vinc**ete**  |                | conosc**ete**  |              | legg**ete**  |
|              | vinc**ono**  |                | conosc**ono**  |              | legg**ono**  |
|              | vinc**a**    |                | conosc**a**    |              | legg**a**    |

Bei den Verben auf **-cere** und **-gere** hängt die Aussprache von c und g vom nachfolgenden Vokal ab; wenn ein **-e** oder ein **-i** folgt, wird es weich ausgesprochen (wie in *Matsch* bzw. *Gin*), ansonsten hart (wie in *Koffer* bzw. *Gast*).

### Passato remoto der regelmäßigen Verben auf *-ere*

| **vendere:** | vend**ei** *oder* vend**etti**      |
|--------------|-------------------------------------|
| *verkaufen*  | vend**esti**                        |
|              | vend**é** *oder* vend**ette**       |
|              | vend**emmo**                        |
|              | vend**este**                        |
|              | vend**erono** *oder* vend**ettero** |

Das *Passato remoto* der Verben auf **-ere** ist meist unregelmäßig. Die wenigen regelmäßigen Verben haben beim *Passato remoto* in der 1. Person Singular und in der 3. Person im Singular und Plural zwei Formen für das *Passato remoto;* die Langformen auf **-etti, -ette, -ettero** werden häufiger verwendet.
Bei Verben, deren Stamm auf **-t** endet (wie **potere**), werden nur die Kurzformen verwendet: **potei**, **poté**, **poterono**

# Die Verben auf *-ire*

| Indicativo | | | Congiuntivo | | |
|---|---|---|---|---|---|
| | *Presente* | *Passato prossimo* | *Presente* | *Passato* | |
| io | sent**o** | ho sentito | sent**a** | abbia sentito | |
| tu | sent**i** | hai sentito | sent**a** | abbia sentito | |
| lui | sent**e** | ha sentito | sent**a** | abbia sentito | |
| noi | sent**iamo** | abbiamo sentito | sent**iamo** | abbiamo sentito | |
| voi | sent**ite** | avete sentito | sent**iate** | abbiate sentito | |
| loro | sent**ono** | hanno sentito | sent**ano** | abbiano sentito | |
| | *Imperfetto* | *Trapassato prossimo* | *Imperfetto* | *Trapassato* | |
| io | sent**ivo** | avevo sentito | sent**issi** | avessi sentito | |
| tu | sent**ivi** | avevi sentito | sent**issi** | avessi sentito | |
| lui | sent**iva** | aveva sentito | sent**isse** | avesse sentito | |
| noi | sent**ivamo** | avevamo sentito | sent**issimo** | avessimo sentito | |
| voi | sent**ivate** | avevate sentito | sent**iste** | aveste sentito | |
| loro | sent**ivano** | avevano sentito | sent**issero** | avessero sentito | |
| | *Passato remoto* | *Trapassato remoto* | | | |
| io | sent**ii** | ebbi sentito | | | |
| tu | sent**isti** | avesti sentito | | | |
| lui | sent**ì** | ebbe sentito | | | |
| noi | sent**immo** | avemmo sentito | | | |
| voi | sent**iste** | aveste sentito | | | |
| loro | sent**irono** | ebbero sentito | | | |
| | *Futuro semplice* | *Futuro anteriore* | | | |
| io | sent**irò** | avrò sentito | | | |
| tu | sent**irai** | avrai sentito | | | |
| lui | sent**irà** | avrà sentito | | | |
| noi | sent**iremo** | avremo sentito | | | |
| voi | sent**irete** | avrete sentito | | | |
| loro | sent**iranno** | avranno sentito | | | |

*Infinito:* sentire; aver sentito

*Gerundio:* sentendo; avendo sentito

*Participio passato:* sentito

| | *Condizionale* | *Condizionale passato* | *Imperativo* | |
|---|---|---|---|---|
| io | sent**irei** | avrei sentito | sent**i**! | *höre!* |
| tu | sent**iresti** | avresti sentito | sent**a**! | *hören Sie!* |
| lui | sent**irebbe** | avrebbe sentito | sent**iamo**! | *hören wir!* |
| noi | sent**iremmo** | avremmo sentito | sent**ite**! | *hört! hören Sie!* |
| voi | sent**ireste** | avreste sentito | | |
| loro | sent**irebbero** | avrebbero sentito | | |

### Verben auf *-ire* mit Stammerweiterung

Nicht alle Verben auf **-ire** werden wie in der Tabelle von **sentire** konjugiert. Sehr viele dieser Verben haben eine Stammerweiterung, d. h. in manchen Zeitformen und Personen werden die Buchstaben **-isc-** vor der Endung eingefügt. In der folgenden Tabelle finden Sie die davon betroffenen Formen:

| | io | tu | lui | noi | voi | loro |
|---|---|---|---|---|---|---|
| *Indicativo presente:* | fin**isc**o | fin**isc**i | fin**isc**e | finiamo | finite | fin**isc**ono |
| *Congiuntivo Presente:* | fin**isc**a | fin**isc**a | fin**isc**a | finiamo | finiate | fin**isc**ano |
| *Imperativo:* | | fin**isc**i! | fin**isc**a! | finiamo! | finite! | |

Für Verben mit Stammerweiterung gibt es leider kein Erkennungsmerkmal: Nur durch einen schnellen Blick ins Wörterbuch können Sie sich vergewissern, wie sich ein Verb auf **-ire** verhält.

# Das reflexive Verb

Es gibt reflexive Verben auf **-are, -ere** und **-ire;** sie werden wie in den obigen Tabellen konjugiert, allerdings mit zwei wichtigen Unterschieden:

1. Die Reflexivpronomen **mi, ti, si, ci, vi, si** stehen immer beim Verb, und zwar in der Regel vor dem Verb. (▶ Kapitel 8 Reflexivpronomen)
2. Reflexive Verben werden in den zusammengesetzten Zeiten immer mit **essere** konjugiert. Das Partizip richtet sich dabei in Geschlecht und Zahl nach dem Subjekt.

Wenn ein reflexives Verb zusammen mit einem Modalverb **(volere, potere, dovere)** auftritt, steht:

1. als Hilfsverb **essere,** wenn das Reflexivpronomen vor dem konjugierten Verb steht:
   **Mi sono voluta lavare.**      *Ich habe mich waschen wollen.*

2. als Hilfsverb **avere**, wenn das Reflexivpronomen an den Infinitiv angehängt wird:
   **Ho voluto lavarmi.**      *Ich habe mich waschen wollen.*

| Indicativo | | | Congiuntivo | | |
|---|---|---|---|---|---|
| | Presente | Passato prossimo | Presente | Passato | |
| io | mi lavo | mi sono lavato/a | mi lavi | mi sia | lavato/a |
| | Imperfetto | Trapassato prossimo | Imperfetto | Trapassato | |
| io | mi lavavo | mi ero lavato/a | mi lavassi | mi fossi lavato/a | |
| | Passato remoto | Trapassato remoto | *Infinito:* | lavarsi; essersi lavato/a/i/e | |
| io | mi lavai | mi fui lavato/a | *Gerundio:* | lavandosi; essendosi lavato/a/i/e | |
| | Futuro semplice | Futuro anteriore | *Participio* | | |
| io | mi laverò | mi sarò lavato/a | *passato:* | lavato | |

| | Condizionale | Condizionale passato | Imperativo | |
|---|---|---|---|---|
| io | mi laverei | mi sarei lavato/a | lavati! | *wasch dich!* |
| | | | Non lavarti/ non ti lavare! | *wasch dich nicht!* |
| | | | si lavi! | *waschen Sie sich!* |
| | | | laviamoci! | *waschen wir uns!* |
| | | | lavatevi! | *wascht euch!* |

# Die Verben *essere* und *avere*

## essere *(sein)*

| Indicativo | | | Congiuntivo | | |
|---|---|---|---|---|---|
| | Presente | Passato prossimo | Presente | Passato | |
| io | sono | sono | stato | sia | sia | stato |
| tu | sei | sei | stato | sia | sia | stato |
| lui | è | è | stato | sia | sia | stato |
| noi | siamo | siamo | stati | siamo | siamo | stati |
| voi | siete | siete | stati | siate | siate | stati |
| loro | sono | sono | stati | siano | siano | stati |

|  | Imperfetto | Trapassato prossimo | | Imperfetto | Trapassato | |
|---|---|---|---|---|---|---|
| io | ero | ero | stato | fossi | fossi | stato |
| tu | eri | eri | stato | fossi | fossi | stato |
| lui | era | era | stato | fosse | fosse | stato |
| noi | eravamo | eravamo | stati | fossimo | fossimo | stati |
| voi | eravate | eravate | stati | foste | foste | stati |
| loro | erano | erano | stati | fossero | fossero | stati |

|  | Passato remoto | Trapassato remoto | |
|---|---|---|---|
| io | fui | fui | stato |
| tu | fosti | fosti | stato |
| lui | fu | fu | stato |
| noi | fummo | fummo | stati |
| voi | foste | foste | stati |
| loro | furono | furono | stati |

*Infinito:* essere; essere stato
*Gerundio:* essendo; essendo stato
*Participio passato:* stato, -a, -i, -e

|  | Futuro semplice | Futuro anteriore | |
|---|---|---|---|
| io | sarò | sarò | stato |
| tu | sarai | sarai | stato |
| lui | sarà | sarà | stato |
| noi | saremo | saremo | stati |
| voi | sarete | sarete | stati |
| loro | saranno | saranno | stati |

|  | Condizionale | Condizionale passato | | Imperativo | |
|---|---|---|---|---|---|
| io | sarei | sarei | stato | | |
| tu | saresti | saresti | stato | Sii ...! | *Sei ...!* |
| lui | sarebbe | sarebbe | stato | Sia ...! | *Seien Sie ...!* |
| noi | saremmo | saremmo | stati | Siamo ...! | *Seien wir ...!* |
| voi | sareste | sareste | stati | Siate ...! | *Seid/Seien Sie ...!* |
| loro | sarebbero | sarebbero | stati | | |

# avere *(haben)*

## Indicativo

|  | Presente | Passato prossimo | |
|---|---|---|---|
| io | ho | ho | avuto |
| tu | hai | hai | avuto |
| lui | ha | ha | avuto |
| noi | abbiamo | abbiamo | avuto |
| voi | avete | avete | avuto |
| loro | hanno | hanno | avuto |

|  | Imperfetto | Trapassato prossimo | |
|---|---|---|---|
| io | avevo | avevo | avuto |
| tu | avevi | avevi | avuto |
| lui | aveva | aveva | avuto |
| noi | avevamo | avevamo | avuto |
| voi | avevate | avevate | avuto |
| loro | avevano | avevano | avuto |

|  | Passato remoto | Trapassato remoto | |
|---|---|---|---|
| io | ebbi | ebbi | avuto |
| tu | avesti | avesti | avuto |
| lui | ebbe | ebbe | avuto |
| noi | avemmo | avemmo | avuto |
| voi | aveste | aveste | avuto |
| loro | ebbero | ebbero | avuto |

|  | Futuro semplice | Futuro anteriore | |
|---|---|---|---|
| io | avrò | avrò | avuto |
| tu | avrai | avrai | avuto |
| lui | avrà | avrà | avuto |
| noi | avremo | avremo | avuto |
| voi | avrete | avrete | avuto |
| loro | avranno | avranno | avuto |

## Congiuntivo

|  | Presente | Passato | |
|---|---|---|---|
| io | abbia | abbia | avuto |
| tu | abbia | abbia | avuto |
| lui | abbia | abbia | avuto |
| noi | abbiamo | abbiamo | avuto |
| voi | abbiate | abbiate | avuto |
| loro | abbiano | abbiano | avuto |

|  | Imperfetto | Trapassato | |
|---|---|---|---|
| io | avessi | avessi | avuto |
| tu | avessi | avessi | avuto |
| lui | avesse | avesse | avuto |
| noi | avessimo | avessimo | avuto |
| voi | aveste | aveste | avuto |
| loro | avessero | avessero | avuto |

*Infinito:* avere; aver avuto
*Gerundio:* avendo; avendo avuto
*Participio passato:* avuto, -a, -i, -e

|  | Condizionale | Condizionale passato | |
|---|---|---|---|
| io | avrei | avrei | avuto |
| tu | avresti | avresti | avuto |
| lui | avrebbe | avrebbe | avuto |
| noi | avremmo | avremmo | avuto |
| voi | avreste | avreste | avuto |
| loro | avrebbero | avrebbero | avuto |

### Imperativo

| | |
|---|---|
| Abbi ...! | *Habe ...!* |
| Abbia ...! | *Haben Sie ...!* |
| Abbiamo ...! | *Haben wir ...!* |
| Abbiate ...! | *Habt/Haben Sie ...!* |

Basteln Sie Memory-Kärtchen! Die Paare können aus *Infinitivo-Participio Passato*, *Presente-Imperfetto* etc. bestehen, je nachdem, was Sie besonders üben wollen. Vielleicht finden Sie noch weitere Italienischlerner zum Mitspielen.

## Der Gebrauch von *essere* oder *avere* in den zusammengesetzten Zeiten

Mit **avere** werden verbunden:

- alle transitiven Verben
  **Ho mangiato una pizza.**     *Ich habe eine Pizza gegessen.*

- manche intransitive Verben
  **Ha riso.**     *Er hat gelacht.*

- folgende Verben – im Gegensatz zum Deutschen:

  | | |
  |---|---|
  | **camminare** | *gehen, laufen* |
  | **girare** | *umherziehen* |
  | **nuotare** | *schwimmen* |
  | **passeggiare** | *spazieren gehen* |
  | **sciare** | *Ski fahren* |
  | **viaggiare** | *reisen* |

Ein Beispiel:
**Hai viaggiato molto?**     *Bist du viel gereist?*

Mit **essere** werden verbunden (das Partizip richtet sich dabei in Geschlecht und Zahl nach dem Subjekt):

- die meisten Verben, die Bewegung, den Wechsel oder das Beibehalten eines Zustands bezeichnen (wie im Deutschen), wie z. B. **andare** *(gehen)*, **cadere** *(fallen)*, **diventare** *(werden)*, **entrare** *(betreten)*, **morire** *(sterben)*, **nascere** *(geboren werden)*, **rimanere** *(bleiben)*.

- reflexive (und reflexiv gebrauchte) Verben
  **Mi sono lavata i capelli.**     *Ich habe mir die Haare gewaschen.*
  **Si è mangiato tutta la torta.**     *Er hat den ganzen Kuchen gegessen.*

- unpersönliche und unpersönlich gebrauchte Verben
  **È piovuto tutta la notte.** *Es hat die ganze Nacht geregnet.*[1]
  **È successo di tutto.** *Es ist alles Mögliche passiert.*
  **Si è discusso a lungo.** *Man hat lange diskutiert.*

  [1] Die Verben, die die Wetterlage ausdrücken, werden in der Umgangssprache oft mit **avere** verbunden:
  **Stanotte è/ha nevicato.** *Heute Nacht hat es geschneit.*

- die Modalverben **dovere, potere, volere,** wenn auf sie ein Verb folgt, das **essere** verlangt
  **Non sono potuta venire.** *Ich konnte nicht kommen.*
  **Sono voluti restare soli.** *Sie wollten allein bleiben.*

  Mit **dovere, potere** und **volere** wird in der Umgangssprache häufig auch **avere** benutzt:
  **Non ho potuto venire.**

- im Gegensatz zum Deutschen werden folgende Verben mit **essere** verbunden:

  | | |
  |---|---|
  | **bastare** | *reichen, genügen* |
  | **costare** | *kosten* |
  | **dispiacere** | *leidtun* |
  | **durare** | *dauern* |
  | **esistere** | *existieren* |
  | **parere** | *scheinen* |
  | **piacere** | *gefallen* |
  | **servire** | *nützen, dienen* |

**Il film è durato tre ore.** *Der Film hat drei Stunden gedauert.*

## Leicht gemerkt!

Hier finden Sie die Endungen und Merkmale der wichtigsten Zeiten. Diese sollten Sie sich gut einprägen.

**Presente:**
**-o**, **-i**, **-a/-e**, **-iamo**, **-ate/-ete/-ite**, **-ano/-ono** wird an Infinitivstamm (Infinitiv ohne **-are**, **-ere**, **-ire**) angehängt.
Besonderheiten bei Verben auf **-care/-gare**, **-iare**, **-ciare/-giare** in 2. Person Sg. und 1. Person Pl.
Viele Verben auf **-ire** haben die Stammerweiterung **-isc-**, z. B. **finire: finisco**

**Passato prossimo:**
**Essere** oder **avere** im Präsens + **Participio passato**

**Participio passato:**
Infinitivstamm + **-ato**, **-uto**, **-ito**

**Imperfetto:**
Meist regelmäßig: **-re** wird vom Infinitiv getrennt und **-vo**, **-vi**, **-va**, **-vamo**, **-vate**, **-vano** angehängt.

**Futuro:**
Infinitiv wird um Endvokal gekürzt und **-ò**, **-ai**, **-à**, **-emo**, **-ete**, **-anno** angehängt. Bei Verben auf **-are** wird das **-a-** der Infinitivendung zu **-e** geschwächt: **arrivare – arriverò** etc.

**Condizionale:**
Infinitiv wird um Endvokal gekürzt und **-ei**, **-esti**, **-ebbe**, **-emmo**, **-este**, **-ebbero** angehängt. Bei Verben auf **-are** wird wie beim Futuro das **-a-** der Infinitivendung zu **-e** geschwächt: **arrivare – arriverei** etc.

**Congiuntivo presente:**

| Verben auf **-are:** | **-i**, **-i**, **-i**, **-iamo**, **-iate**, **-ino** |
| Verben auf **-ere** und **-ire:** | **-a**, **-a**, **-a**, **-iamo**, **-iate**, **-ano** |

# Die unregelmäßigen Verben

In den folgenden Tabellen finden Sie die wichtigsten unregelmäßigen Verben. Es sind vor allem Verben auf **-ere** und **-ire**. Unregelmäßig sind dabei fast immer das *Passato remoto* und das *Participio passato*, manchmal auch weitere Zeitformen. Beim *Passato remoto* der unregelmäßigen Verben kann man dennoch eine Regelmäßigkeit feststellen: Die Abweichungen von der Regel sind meist in der 1. und 3. Person Singular und in der 3. Person Plural, z. B.:

**fare** ▶ feci, **facesti**, fece, **facemmo, faceste**, fecero

Aus diesem Grund finden Sie hier meist die 1. Person des *Passato remoto*.

Die in den Tabellen nicht aufgeführten Formen, werden regelmäßig gebildet. Die ▶ verweisen auf andere aufgeführte Verben, deren Konjugation identisch ist.

| | Passato remoto | Passato prossimo | Deutsche Übersetzung und weitere besondere Formen |
|---|---|---|---|
| accadere | accadde | è accaduto/a | *geschehen* ▶ cadere |
| accendere | accesi | ho acceso | *anzünden* |
| accorgersi | mi accorsi | mi sono accorto/a | *bemerken* |
| aggiungere | aggiunsi | ho aggiunto | *hinzufügen* |
| ammettere | ammisi | ho ammesso | *zugeben* |
| **andare** | andai andasti andò andammo andaste andarono | sono andato/a | *gehen/fahren* *Presente:* vado, vai, va, andiamo, andate, vanno *Congiuntivo:* vada, andiamo, andiate, vadano *Imperativo:* vai/va', vada, andate *Futuro:* andrò *Condizionale:* andrei |
| apparire | apparve | sono apparso/a | *erscheinen* ▶ comparire |
| appartenere | appartenni | sono apparte-nuto/a | *gehören* ▶ tenere |
| aprire | aprii | ho aperto | *öffnen* |
| assistere | assistei/ assistetti | ho assistito | *teilnehmen, beistehen* |
| assumere | assunsi | ho assunto | *übernehmen* |
| attendere | attesi | ho atteso | *warten* |
| attrarre | attrassi | ho attratto | *anziehen* ▶ trarre |
| avere | ebbi | ho avuto | *haben* ▶ Kapitel 6 essere und avere |
| avvenire | avvenne | è avvenuto/a | *passieren* ▶ venire |

| | Passato remoto | Passato prossimo | Deutsche Übersetzung und weitere besondere Formen |
|---|---|---|---|
| bere | bevvi | ho bevuto | *trinken*<br>*Futuro:* berrò<br>*Condizionale:* berrei<br>Sonstige unregelmäßige Formen: bevo, bevi, beve ... |
| **cadere** | caddi | sono caduto/a | *fallen*<br>*Futuro:* cadrò<br>*Condizionale:* cadrei |
| chiedere<br>chiudere | chiesi<br>chiusi | ho chiesto<br>ho chiuso | *fragen*<br>*schließen* |
| **cogliere** | colsi | ho colto | *ergreifen*<br>*Presente:* colgo, cogli, coglie, cogliamo, cogliete, colgono<br>*Congiuntivo:* colga, cogliamo, cogliate, colgano<br>*Imperativo:* cogli, colga, cogliete |
| commuovere | commossi | ho commosso | *rühren* ▶ muovere |
| **comparire** | comparvi/<br>comparii | sono comparso/a | *erscheinen*<br>*Presente:* compaio, compari, compare, compariamo, comparite, compaiono<br>*Congiuntivo:* compaia, compaiano |
| **compiere** | compii | ho compiuto | *durchführen, erfüllen*<br>*Presente:* compio, compi, compie, compiamo, compite, compiono<br>*Congiuntivo:* compia |
| comporre<br>comprendere<br>concedere<br>concludere<br>condurre<br>conoscere<br>contenere<br>contraddire<br>convincere<br>correggere<br>correre | composi<br>compresi<br>concessi<br>conclusi<br>condussi<br>conobbi<br>contenne<br>contraddissi<br>convinsi<br>corressi<br>corsi | ho composto<br>ho compreso<br>ho concesso<br>ho concluso<br>ho condotto<br>ho conosciuto<br>ho contenuto<br>ho contraddetto<br>ho convinto<br>ho corretto<br>ho/sono corso | *zusammensetzen* ▶ porre<br>*begreifen*<br>*gewähren*<br>*abschließen, beenden*<br>*führen* ▶ tradurre<br>*kennen, kennenlernen*<br>*enthalten* ▶ tenere<br>*widersprechen* ▶ dire<br>*überzeugen*<br>*korrigieren*<br>*rennen* |

| | Passato remoto | Passato prossimo | Deutsche Übersetzung und weitere besondere Formen |
|---|---|---|---|
| costringere | costrinsi | ho costretto | *zwingen* |
| crescere | crebbi | sono cresciuto/a | *wachsen* |
| cuocere | cossi | ho cotto | *kochen* |
| **dare** | detti/diedi desti dette/diede demmo deste dettero/ diedero | ho dato | *geben* *Presente:* do, dai, dà, diamo, date, danno *Congiuntivo:* dia, diamo, diate, diano *Imperativo:* dai/da', dia, date *Futuro:* darò *Condizionale:* darei *Congiuntivo imperfetto:* dessi |
| decidere | decisi | ho deciso | *entscheiden* |
| descrivere | descrissi | ho descritto | *beschreiben* |
| difendere | difesi | ho difeso | *verteidigen* |
| dipendere | dipesi | ho dipeso | *abhängen* |
| dipingere | dipinsi | ho dipinto | *malen* |
| **dire** | dissi dicesti disse dicemmo diceste dissero | ho detto | *sagen* *Presente:* dico, dici, dice, diciamo, dite, dicono *Congiuntivo:* dica, diciamo, diciate, dicano *Imperativo:* di', dica, dite *Futuro:* dirò *Condizionale:* direi Sonstige unregelmäßige Formen: dicevo, dicendo ... |
| discutere | discussi | ho discusso | *diskutieren* |
| dispiacere | dispiacque | è dispiaciuto/a | *leidtun* ▶ piacere |
| distinguere | distinsi | ho distinto | *unterscheiden* |
| distruggere | distrussi | ho distrutto | *zerstören* |
| divenire | divenni | sono divenuto/a | *werden* ▶ venire |
| dividere | divisi | ho diviso | *teilen* |
| **dovere** | dovetti | ho dovuto | *müssen/sollen* *Presente:* devo, devi, deve, dobbiamo, dovete, devono *Congiuntivo:* debba/deva, dobbiamo, dobbiate, debbano/devano *Futuro:* dovrò *Condizionale:* dovrei |

| | Passato remoto | Passato prossimo | Deutsche Übersetzung und weitere besondere Formen |
|---|---|---|---|
| eleggere | elessi | ho eletto | *wählen* |
| escludere | esclusi | ho escluso | *ausschließen* |
| esistere | esistei/ esistetti | sono esistito/a | *existieren* |
| esplodere | esplosi | ho esploso | *explodieren* |
| esprimere | espressi | ho espresso | *ausdrücken* |
| esporre | esposi | ho esposto | *ausstellen* ▶ porre |
| essere | fui | sono stato/a | *sein* ▶ Kapitel 6 essere und avere |
| **fare** | feci facesti fece facemmo faceste fecero | ho fatto | *machen/tun* *Presente:* faccio, fai, fa, facciamo, fate, fanno *Congiuntivo:* faccia, facciamo, facciate, facciano *Imperativo:* fai/fa', faccia, fate *Futuro:* farò *Condizionale:* farei Sonstige unregelmäßige Formen: facevo, facendo ... |
| fingere | finsi | ho finto | *vortäuschen* |
| giungere | giunsi | sono giunto/a | *ankommen* |
| imporre | imposi | ho imposto | *auferlegen* ▶ porre |
| insistere | insistetti/ insistei | ho insistito | *bestehen* |
| intendere | intesi | ho inteso | *beabsichtigen/meinen* |
| interrompere | interruppi | ho interrotto | *unterbrechen* |
| introdurre | introdussi | ho introdotto | *einführen* ▶ tradurre |
| iscrivere | iscrissi | ho iscritto | *einschreiben* |
| leggere | lessi | ho letto | *lesen* |
| mantenere | mantenni | ho mantenuto | *unterhalten* ▶ tenere |
| mettere | misi | ho messo | *setzen/legen/stellen* |
| mordere | morsi | ho morso | *beißen* |
| **morire** | morii | sono morto/a | *sterben* *Presente:* muoio, muori, muore, moriamo, morite, muoiono *Congiuntivo:* muoia, moriamo, moriate, muoiano |
| **muovere** | mossi | ho mosso | *bewegen* *Presente:* muovo, muovi, muove, m(u)oviamo, m(u)ovete, muovono Congiuntivo: muova, m(u)oviamo, m(u)oviate, muovano |

| | Passato remoto | Passato prossimo | Deutsche Übersetzung und weitere besondere Formen |
|---|---|---|---|
| nascere | nacqui | sono nato/a | *geboren werden* |
| nascondere | nascosi | ho nascosto | *verstecken* |
| offendere | offesi | ho offeso | *beleidigen* |
| offrire | offrii | ho offerto | *anbieten* |
| ottenere | ottenni | ho ottenuto | *erreichen* ▶ tenere |
| parere | parve | è parso/a | *scheinen* |
| perdere | persi | ho perso | *verlieren* |
| permettere | permisi | ho permesso | *erlauben* |
| **piacere** | piacque | è piaciuto/a | *gefallen*<br>*Presente:* piaccio, piaci, piace, piacciamo, piacete, piacciono<br>*Congiuntivo:* piaccia, piacciamo, piacciate, piacciano |
| piangere | piansi | ho pianto | *weinen* |
| piovere | piovve | è/ha piovuto | *regnen* |
| porgere | porsi | ho porto | *reichen/bieten* |
| **porre** | posi<br>ponesti<br>pose<br>ponemmo<br>poneste<br>posero | ho posto | *setzen/stellen/legen*<br>*Presente:* pongo, poni, pone, poniamo, ponete, pongono<br>*Congiuntivo:* ponga, poniamo, poniate, pongano<br>*Imperativo:* poni, ponga, ponete<br>*Futuro:* porrò<br>*Condizionale:* porrei<br>*Imperfetto:* ponevo<br>*Gerundio:* ponendo |
| **potere** | potei<br>potesti<br>poté<br>potemmo<br>poteste<br>poterono | ho potuto | *können/dürfen*<br>*Presente:* posso, puoi, può, possiamo, potete, possono<br>*Congiuntivo:* possa, possiamo, possiate, possano<br>*Futuro:* potrò<br>*Condizionale:* potrei |

| | Passato remoto | Passato prossimo | Deutsche Übersetzung und weitere besondere Formen |
|---|---|---|---|
| prendere | presi | ho preso | *nehmen* |
| prescrivere | prescrissi | ho prescritto | *vorschreiben* |
| pretendere | pretesi | ho preteso | *verlangen* |
| promettere | promisi | ho promesso | *versprechen* |
| produrre | produssi | ho prodotto | *produzieren* ▸ tradurre |
| proporre | proposi | ho proposto | *vorschlagen* ▸ porre |
| proteggere | protessi | ho protetto | *schützen* |
| pungere | punsi | ho punto | *stechen* |
| raccogliere | raccolsi | ho raccolto | *sammeln* ▸ cogliere |
| reggere | ressi | ho retto | *halten* |
| rendere | resi | ho reso | *zurückgeben* |
| resistere | resistei/ resistetti | ho resistito | *widerstehen* |
| respingere | respinsi | ho respinto | *abweisen* |
| riconoscere | riconobbi | ho riconosciuto | *erkennen* |
| ridere | risi | ho riso | *lachen* |
| ridurre | ridussi | ho ridotto | *reduzieren* ▸ tradurre |
| **riempire** | riempii | ho riempito | *füllen* <br> *Presente:* riempio, riempi, riempie, riempiamo, riempite, riempiono <br> *Congiuntivo:* riempa, riempiamo, riempiate, riempano <br> *Imperativo:* riempi, riempa, riempite |
| **rimanere** | rimasi | sono rimasto/a | *bleiben* <br> *Presente:* rimango, rimani, rimane, rimaniamo, rimanete, rimangono <br> *Congiuntivo:* rimanga, rimaniamo, rimaniate, rimangano <br> *Imperativo:* rimani, rimanga, rimanete <br> *Futuro:* rimarrò <br> *Condizionale:* rimarrei |
| rimuovere | rimossi | ho rimosso | *verdrängen* ▸ muovere |
| risolvere | risolsi | ho risolto | *lösen* |
| rispondere | risposi | ho risposto | *antworten* |
| ritenere | ritenni | ho ritenuto | *halten* ▸ tenere |
| riuscire | riuscii | sono riuscito/a | *gelingen* ▸ uscire |
| rivolgersi | mi rivolsi | mi sono rivolto/a | *sich wenden* |
| rompere | ruppi | ho rotto | *kaputtmachen* |

| | Passato remoto | Passato prossimo | Deutsche Übersetzung und weitere besondere Formen |
|---|---|---|---|
| **salire** | salii | sono salito/a | *(ein)steigen*<br>*Presente:* salgo, sali, sale, saliamo, salite, salgono<br>*Congiuntivo:* salga, saliamo, saliate, salgano<br>*Imperativo:* sali, salga, salite |
| **sapere** | seppi<br>sapesti<br>seppe<br>sapemmo<br>sapeste<br>seppero | ho saputo | *wissen*<br>*Presente:* so, sai, sa, sappiamo, sapete, sanno<br>*Congiuntivo:* sappia, sappiamo, sappiate, sappiano<br>*Imperativo:* sappi, sappia, sapete<br>*Futuro:* saprò<br>*Condizionale:* saprei |
| **scegliere** | scelsi<br>scegliesti<br>scelse<br>scegliemmo<br>sceglieste<br>scelsero | ho scelto | *wählen*<br>*Presente:* scelgo, scegli, sceglie, scegliamo, scegliete, scelgono<br>*Congiuntivo:* scelga, scegliamo, scegliate, scelgano<br>*Imperativo:* scegli, scelga, scegliete |
| scendere | scesi | sono sceso/a | *aussteigen, hinuntersteigen* |
| **sciogliere** | sciolsi | ho sciolto | *lösen*<br>*Presente:* sciolgo, sciogli, scioglie, sciogliamo, sciogliete, sciolgono<br>*Congiuntivo:* sciolga, sciogliamo, sciogliate, sciolgano<br>*Imperativo:* sciogli, sciolga, sciogliete |
| scommettere<br>scoprire<br>scorgere<br>scrivere | scommisi<br>scoprii<br>scorsi<br>scrissi | ho scommesso<br>ho scoperto<br>ho scorto<br>ho scritto | *wetten*<br>*entdecken*<br>*erblicken*<br>*schreiben* |
| **sedersi** | mi sedei/<br>sedetti | mi sono<br>seduto/a | *sich setzen*<br>*Presente:* mi siedo, ti siedi, si siede, ci sediamo, vi sedete, si siedono<br>*Congiuntivo:* mi/ti/si sieda, ci sediamo, vi sediate<br>*Imperativo:* siediti, si sieda, sedetevi<br>*Futuro:* mi siederò<br>*Condizionale:* mi siederei |

| | Passato remoto | Passato prossimo | Deutsche Übersetzung und weitere besondere Formen |
|---|---|---|---|
| smettere | smisi | ho smesso | *aufhören* |
| **soddisfare** | soddisfeci | ho soddisfatto | *befriedigen* *Imperfetto:* soddisfacevo, soddisfacevi, soddisfaceva, soddisfacevamo, soddisfacevate, soddisfacevano *Gerundio:* soddisfacendo |
| soffrire sorprendere sorridere | soffrii sorpresi sorrisi | ho sofferto ho sorpreso ho sorriso | *leiden* *überraschen* *lächeln* |
| **spegnere** | spensi | ho spento | *löschen/ausmachen* *Presente:* spengo, spegni, spegne, spegniamo, spegnete, spengono *Congiuntivo:* spenga, spegniamo, spegniate, spengano *Imperativo:* spegni, spenga, spegnete |
| spendere spingere | spesi spinsi | ho speso ho spinto | *ausgeben* *schieben* |
| **stare** | stetti stesti stette stemmo steste stettero | sono stato/a | *sich befinden* *Presente:* sto, stai, sta, stiamo, state, stanno *Congiuntivo:* stia, stiamo, stiate, stiano *Imperativo:* stai/sta', stia, state *Futuro:* starò *Condizionale:* starei *Imperfetto:* stavo *Cong. imperfetto:* stessi |
| stringere succedere supporre | strinsi successe supposi | ho stretto è successo/a ho supposto | *drücken/festhalten* *passieren* *vermuten* ▶ porre |
| **tacere** | tacqui | ho taciuto | *schweigen* *Presente:* taccio, taci, tace, tacciamo, tacete, tacciono *Congiuntivo:* taccia, tacciamo, tacciate, tacciano *Imperativo:* taci, taccia, tacete |

| | Passato remoto | Passato prossimo | Deutsche Übersetzung und weitere besondere Formen |
|---|---|---|---|
| **tenere** | tenni | ho tenuto | *halten*<br>*Presente:* tengo, tieni, tiene, teniamo, tenete, tengono<br>*Congiuntivo:* tenga, teniamo, teniate, tengano<br>*Imperativo:* tieni, tenga, tenete<br>*Futuro:* terrò<br>*Condizionale:* terrei |
| **togliere** | tolsi | ho tolto | *wegnehmen*<br>*Presente:* tolgo, togli, toglie, togliamo, togliete, tolgono<br>*Congiuntivo:* tolga, togliamo, togliate, tolgano<br>*Imperativo:* togli, tolga, togliete |
| **tradurre** | tradussi<br>traducesti<br>tradusse<br>traducemmo<br>traduceste<br>tradussero | ho tradotto | *übersetzen*<br>*Presente:* traduco, traduci, traduce, traduciamo, traducete, traducono<br>*Congiuntivo:* traduca, traduciamo, traduciate, traducano<br>*Imperativo:* traduci, traduca, traducete<br>*Futuro:* tradurrò<br>*Condizionale:* tradurrei<br>Sonstige unregelmäßige Formen: traducevo, traducendo |
| **trarre** | trassi<br>traesti<br>trasse<br>traemmo<br>traeste<br>trassero | ho tratto | *ziehen*<br>*Presente:* traggo, trai, trae, traiamo, traete, traggono<br>*Congiuntivo:* tragga, traiamo, traiate, traggano<br>*Imperativo:* trai, tragga, traete<br>*Futuro:* trarrò<br>*Condizionale:* trarrei<br>*Imperfetto:* traevo |
| trascorrere<br>uccidere | trascorsi<br>uccisi | ho trascorso<br>ho ucciso | *verbringen*<br>*töten* |

| | Passato remoto | Passato prossimo | Deutsche Übersetzung und weitere besondere Formen |
|---|---|---|---|
| **uscire** | uscii | sono uscito/a | *ausgehen*<br>*Presente:* esco, esci, esce, usciamo, uscite, escono<br>*Congiuntivo:* esca, usciamo, usciate, escano<br>*Imperativo:* esci, esca, uscite |
| **valere** | valsi | è valso/a | *gelten*<br>*Presente:* valgo, vali, vale, valiamo, valete, valgono<br>*Congiuntivo:* valga, valiamo, valiate, valgano<br>*Futuro:* varrò<br>*Condizionale:* varrei |
| **vedere** | vidi | ho visto | *sehen*<br>*Futuro:* vedrò<br>*Condizionale:* vedrei |
| **venire** | venni | sono venuto/a | *kommen*<br>*Presente:* vengo, vieni, viene, veniamo, venite, vengono<br>*Congiuntivo:* venga, veniamo, veniate, vengano<br>*Imperativo:* vieni, venga, venite<br>*Futuro:* verrò<br>*Condizionale:* verrei |
| vincere<br>vivere | vinsi<br>vissi | ho vinto<br>ho/sono vissuto | *gewinnen/siegen*<br>*leben*<br>*Futuro:* vivrò<br>*Condizionale:* vivrei |
| **volere** | volli | ho voluto | *wollen*<br>*Presente:* voglio, vuoi, vuole, vogliamo, volete, vogliono<br>*Congiuntivo:* voglia, vogliamo, vogliate, vogliano<br>*Futuro:* vorrò<br>*Condizionale:* vorrei |
| volgere | volsi | ho volto | *wenden* |

Auf einen Blick die **10 wichtigsten unregelmäßigen Verben** neben **essere** und **avere**:

|  | 1. Person Singular Presente | Participio passato | Übersetzung |
|---|---|---|---|
| **andare** | **vado** | **sono andato/a** | *gehen* |
| **bere** | **bevo** | **ho bevuto** | *trinken* |
| **dire** | **dico** | **ho detto** | *sagen* |
| **fare** | **faccio** | **ho fatto** | *machen* |
| **prendere** | **prendo** | **ho preso** | *nehmen* |
| **sapere** | **so** | **ho saputo** | *wissen* |
| **stare** | **sto** | **sono stato/a** | *stehen; sein; bleiben* |
| **tenere** | **tengo** | **ho tenuto** | *halten* |
| **vedere** | **vedo** | **ho visto** | *sehen* |
| **venire** | **vengo** | **sono venuto/a** | *kommen* |

Bei einigen Verben sind in der Konjugation veraltete Formen bzw. ihre lateinische Herkunft zu erkennen, z. B. **bere** < **bevere**, **dire** < **dicere**, **fare** < **facere**. Wenn Sie das im Hinterkopf behalten, dann können Sie sich die Formen viel leichter merken!

---

 Sie brauchen dazu zwei sechsseitige Würfel. Den einen müssen Sie ein bisschen präparieren und auf jede Würfelseite mit Papier eine der folgenden Zeitformen kleben: *Presente, Passato Prossimo, Imperfetto, Futuro* und die Modi *Condizionale* und *Congiuntivo*. Denken Sie sich nun ein unregelmäßiges Verb und würfeln Sie mit beiden Würfeln. Der normale Würfel gibt die Person vor (1=**io**, 2=**tu** etc.), der Zeitenwürfel die entsprechende Zeitform. Bilden Sie die korrekte Form und auf zur nächsten Runde! Viel Spaß!

# 7 | Der Gebrauch der Modi und Zeiten

## Der Indikativ

Der Indikativ wird meist gebraucht, wenn ein Geschehen als wahr dargestellt wird. Im Indikativ können drei Zeitstufen unterschieden werden:

| Vorzeitigkeit | Gleichzeitigkeit | Nachzeitigkeit |
|---|---|---|
| Passato prossimo<br>Imperfetto<br>Passato remoto<br>Trapassato prossimo<br>Trapassato remoto | Presente | Futuro semplice<br>Futuro anteriore |

### Das Presente

Das *Presente* wird benutzt für:

1. Zustände oder Handlungen,
   - die sich in der Gegenwart abspielen:
     **Oggi piove.**              *Heute regnet es.*
   - die bis in die Gegenwart dauern:
     **Abito a Pisa da cinque anni.** *Ich wohne seit fünf Jahren in Pisa.*

2. Gewohnheiten:
   **La sera mi piace leggere**   *Abends lese ich gerne ein Buch.*
   **un libro.**

3. zeitlos gültige Feststellungen:
   **Lavorare stanca.**           *Arbeit ermüdet.*

4. eine zukünftige Handlung, die als sicher angesehen wird:
   **Domani parto.**              *Morgen fahre ich weg.*

5. historisches *Presente* (von der Vergangenheit wird berichtet, als ob es Gegenwart wäre; dient dazu, lebhaft/dramatisch zu erzählen):
   **Nel 1969 Neil Armstrong**    *1969 landet Neil Armstrong auf*
   **sbarca sulla luna.**         *dem Mond.*

## Das Passato prossimo

Zu **essere** oder **avere** im *Passato Prossimo* ▶ Kapitel 6 essere und avere

Das *Passato prossimo* bezeichnet:

1. vergangene Handlungen, deren Folgen noch in der Gegenwart andauern:
   **Gino mi ha scritto una**    *Gino hat mir einen Brief geschrieben;*
   **lettera; devo rispondergli.**    *ich muss ihm darauf antworten.*

2. Handlungen, die gerade eben passiert sind:
   **Siamo appena arrivati.**    *Wir sind gerade angekommen.*

3. Handlungen, die sich in einem Zeitraum abgespielt haben, der noch andauert:
   **Che cosa hai fatto oggi?**    *Was hast du heute gemacht?*

4. in manchen Fällen Handlungen, die in der Zukunft abgeschlossen werden (anstelle des *Futuro anteriore*):
   **Alle tre ho finito e passo**    *Um drei bin ich fertig, ich hole*
   **a prenderti.**    *dich dann ab.*

## Das Passato remoto

Das *Passato remoto* bezeichnet einen in der Vergangenheit abgeschlossenen Vorgang, unabhängig von seinen Auswirkungen auf die Gegenwart. Die Dauer oder Häufigkeit des Vorgangs ist dabei nicht von Belang:
**Petrarca visse ad Avignone.**    *Petrarca lebte in Avignon.*
**Manzoni morì nel 1873.**    *Manzoni starb 1873.*

Der Unterschied zwischen *Passato Remoto* und *Passato Prossimo* besteht im unterschiedlichen Grad der „Gegenwartsnähe": Während das *Passato Prossimo* die „Aktualität" von Handlungen unterstreicht, rückt sie das *Passato Remoto* in eine entferntere Vergangenheit. Vergleichen Sie die folgenden zwei Beispiele:

**Italo Svevo ha scritto**    *Italo Svevo hat „La Coscienza*
**„La Coscienza di Zeno".**    *di Zeno" geschrieben.*
*Passato Prossimo*: Betonung liegt auf Aktualität. Svevo ist der Autor des Buches, das Buch gibt es, wir können es heute lesen.

**Italo Svevo scrisse „La Coscienza**    *Italo Svevo schrieb „La Coscienza*
**di Zeno" dal 1919 al 1923.**    *di Zeno" von 1919 bis 1923.*
*Passato Remoto*: Anfang und Ende der Handlung sind im Vordergrund, die Handlung ist in der Vergangenheit abgeschlossen.

**Leicht gemerkt!**

In der gesprochenen Sprache wird in Norditalien das *Passato prossimo* immer mehr anstelle des *Passato remoto* verwendet; das *Passato remoto* wird weiterhin in der Schriftsprache benutzt, insbesondere als Erzählzeit. In Süditalien werden sowohl das *Passato prossimo* als auch das *Passato remoto* gebraucht mit der Tendenz, auch ganz nahe Ereignisse im *Passato remoto* darzustellen. Nur in Mittelitalien werden *Passato prossimo* und *Passato remoto* streng auseinandergehalten.

Das *Passato remoto* ist die Zeitform der schriftlichen Erzählung.

## Das Imperfetto

Das *Imperfetto* bezeichnet:

1. vergangene Handlungen, Vorgänge oder Zustände, die als nicht abgeschlossen angesehen werden (Hintergrundschilderung):

| | |
|---|---|
| **Il cavallo galoppava nella foresta.** | *Das Pferd lief im Galopp durch den Wald.* |
| **Nevicava fitto fitto.** | *Es schneite heftig.* |
| **Mio fratello stava male.** | *Meinem Bruder ging es schlecht.* |

2. in der Vergangenheit regelmäßig wiederholte Handlungen:

| | |
|---|---|
| **Da piccola giocavo sempre fuori.** | *Als ich klein war, spielte ich immer draußen.* |

Weitere Verwendungen des *Imperfetto:*

3. abgeschwächte, höfliche Darstellung von Anliegen/Einwänden/Absagen:

| | |
|---|---|
| **Buongiorno, volevo parlare con Lucia.** | *Guten Tag, ich wollte Lucia sprechen.* |

4. umgangssprachlicher Ersatz (▶ Kapitel 7 Der Bedingungssatz) für:
   - das *Condizionale passato*

| | |
|---|---|
| **Potevi dirmelo.** | *Das hättest du mir sagen können.* |
| **= Avresti potuto dirmelo.** | |

   - den *Congiuntivo trapassato*

| | |
|---|---|
| **Se venivi prima, ce la facevamo. = Se fossi venuto prima, ce l'avremmo fatta.** | *Wärst du früher gekommen, hätten wir's geschafft.* |

Verben, die physische und psychische Merkmale einer Person in der Vergangenheit beschreiben, stehen häufig im *Imperfetto*:

**Da bambino portavo i capelli lunghi.** — *Als Kind hatte ich lange Haare.*

**Mio nonno portava gli occhiali e aveva una barba lunga.** — *Mein Großvater trug eine Brille und hatte einen langen Bart.*

**Allora eri molto triste.** — *Damals warst du sehr traurig.*

---

### Leicht gemerkt!

Vielleicht kann der folgende Satz Ihnen helfen, den Gebrauch des Imperfetto schneller zu lernen:
**Das Imperfetto, merk ich mir, beschreibt die Kulisse hinter mir!**

## Gegenüberstellung von Imperfetto und Passato prossimo

Dies ist einer der heikelsten Punkte der italienischen Grammatik, da es diesen Unterschied im Deutschen gar nicht gibt!
Noch etwas: was über das *Passato prossimo* gesagt wird, gilt hier auch für das *Passato remoto;* beide Zeiten gehören der gleichen „abgeschlossenen" Kategorie an – im Gegensatz zur „unbegrenzten" des *Imperfetto*. (Das *Passato prossimo* und das *Passato remoto* unterscheiden sich aber in ihrem Bezug zur Gegenwart!)

1. Wenn mehrere Vorgänge in der Vergangenheit gleichzeitig nebeneinander verlaufen, ohne zu einem Abschluss zu kommen, so stehen sie alle im *Imperfetto:*

**Mentre lavoravo, mio marito guardava la Formula Uno.** — *Während ich arbeitete, sah sich mein Mann die Formel 1 an.*

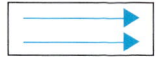

2. Ist von zwei vergangenen Geschehen das eine noch im Verlauf, während das zweite einsetzt, so steht das erste im *Imperfetto,* und das zweite im *Passato prossimo:*

**Mentre lavoravo, è suonato il telefono.** — *Während ich arbeitete, hat das Telefon geklingelt.*

3. Wenn mehrere in sich abgeschlossene Vorgänge der Vergangenheit aufeinanderfolgen, stehen sie im *Passato prossimo:*

**È suonato il telefono, così mi sono alzata e ho alzato la cornetta.** — *Das Telefon hat geklingelt, deshalb bin ich aufgestanden und habe den Hörer abgenommen.*

Eine Erzählung über Vergangenes ist immer ein dichtes Gewebe von beiden Zeitformen.

## Leicht gemerkt!

In der folgenden kurzen Geschichte sind die Handlungen, die im Hintergrund ablaufen bzw. Begleitumstände darstellen, in schwarzer Schrift (*Imperfetto*: was war?), die Handlungskette im Vordergrund ist in blauer Schrift (*Passato prossimo*: was ist passiert?).

| | |
|---|---|
| **Era una sera d'inverno.** | *Es war an einem Winterabend.* |
| **Fuori la neve scendeva lentamente.** | *Draußen fiel langsam der Schnee.* |
| **Improvvisamente ho sentito un rumore** **mentre guardavo la tv.** | *Während ich fern sah, hörte ich plötzlich ein Geräusch.* |
| **Credevo fosse mio marito che rientrava.** | *Ich glaubte, es sei mein Mann, der zurückkehrte.* |
| **Invece hanno suonato alla porta.** | *Stattdessen klingelte es an der Tür.* |
| **Avevo paura. Ma era solo la mia vicina.** | *Ich hatte Angst. Aber es war nur meine Nachbarin.* |
| **Che paura mi hai fatto prendere! – Le ho detto.** | *Hast du mich aber erschreckt! – sagte ich ihr.* |

Mit dem *Imperfetto* werden Begleitumstände ausgedrückt, z. B. Beschreibungen oder Erklärungen, also Hintergrundinformationen, die die Handlung **nicht** vorantreiben. Dazu gehört auch die Beschreibung eines bestimmten Moments einer vergangenen Handlung, z. B. **mentre guardavo la tv**. Signalwörter dafür sind z. B. **mentre** (*während*), **a quest'ora** (*zu dieser Stunde*), **nel momento in cui** (*in dem Moment, in dem*) etc.
Zur Darstellung der Handlungskette wird das *Passato prossimo* verwendet. Signalwörter dafür sind **improvvisamente** (*plötzlich*), **allora** (*also*, *dann*), **poi** (*dann*) etc.

Bei einigen Verben ergibt sich ein Bedeutungsunterschied, je nachdem, ob sie im *Imperfetto* oder im *Passato Prossimo* stehen (im Deutschen wird es durch zwei verschiedene Verben wiedergegeben):

| | | |
|---|---|---|
| **avere** | **Avevo paura.** | *Ich hatte Angst.* |
| | **Ho avuto paura.** | *Ich bekam Angst.* |
| **conoscere** | **Lo conoscevo dal 1975.** | *Ich kannte ihn seit 1975.* |
| | **L'ho conosciuto nel 1975.** | *Ich habe ihn 1975 kennengelernt.* |

| sapere | Lo sapevi? | Wusstest du das? |
|---|---|---|
| | Da chi l'hai saputo? | Von wem hast du das erfahren? |
| sentirsi | Si sentiva male. | Er fühlte sich schlecht. |
| | Si è sentito male. | Es wurde ihm schlecht. |

## Das Trapassato prossimo und das Trapassato remoto

| Vorzeitigkeit | |
|---|---|
| Trapassato prossimo | Passato prossimo |
| **Mi ero appena svegliata,** | **quando hanno bussato alla porta.** |
| Ich war gerade aufgewacht, | als jemand an der Tür klopfte. |
| Trapassato remoto | Passato remoto |
| **Non appena mi fui svegliata,** | **bussarono alla porta.** |
| Nachdem ich aufgewacht war, | klopfte jemand an der Tür. |

Das *Trapassato prossimo* bezeichnet einen Vorgang in der Vergangenheit, der vor einem anderen vergangenen Ereignis stattgefunden hat (das im *Passato prossimo* oder *Passato remoto* dargestellt wird); das *Trapassato remoto* bezeichnet einen Vorgang, der vor einem Ereignis im *Passato remoto* stattgefunden hat.

Das *Trapassato remoto* wird seltener gebraucht als das *Trapassato prossimo,* da es nur in Nebensätzen vorkommen kann, die durch **dopo che, quando, appena (che), non appena** eingeführt werden; das *Trapassato prossimo* dagegen kann in Haupt- und Nebensätzen vorkommen und wird oft anstelle des *Trapassato remoto* verwendet.

## Das Futuro und das Futuro anteriore

Das *Futuro* wird verwendet, um

1. Handlungen oder Zustände auszudrücken, die in der Zukunft liegen:
   **Arriverò domani.**     *Ich werde morgen ankommen.*

2. eine Vermutung auszudrücken:
   **Il mio dentista avrà**     *Mein Zahnarzt dürfte 40 Jahre alt*
   **quarant'anni.**     *sein.*

3. einen Befehl auszudrücken:
   **Farai quello che dico io!**     *Du wirst tun, was ich dir sage!*

Das *Futuro anteriore* bezeichnet:

1. Handlungen oder Zustände, die vor anderen Handlungen in der Zukunft stattfinden (eine Art „Vergangenheit in der Zukunft"):

   **Quando lo avrai visto,** *Wenn du ihn gesehen hast, wirst du*
   **capirai perché dico questo.** *verstehen, warum ich das sage.*

   **Ti telefonerò appena** *Ich rufe dich an, sobald ich*
   **sarò arrivato.** *angekommen bin.*

   In der Umgangssprache wird in diesen Fällen häufig auch das einfache *Futuro* gebraucht, oder – im Zusammenhang mit dem als *Futuro* gebrauchten *Presente* – das *Passato prossimo*:

   Futuro – Futuro anteriore: **Ti telefonerò appena sarò arrivato.**
   Futuro – Futuro: **Ti telefonerò appena arriverò.**
   Presente – Passato prossimo: **Ti telefono appena sono arrivato.**

2. eine Vermutung in der Vergangenheit:
   **Saranno state le otto.** *Es wird 8 Uhr gewesen sein.*

---

**Leicht gemerkt!**

Generell verwendet man in der Umgangssprache anstelle des Futurs sehr häufig das Präsens – also genau wie im Deutschen: ganz einfach!
**Arrivo domani.** *Ich komme morgen an.*
statt
**Arriverò domani.** *Ich werde morgen ankommen.*

---

# Der Imperativo – Die Befehlsform

Zu den Formen des Imperativs:

- Alle Imperativformen stimmen mit den Präsensformen überein, außer den Verben auf **-are**, die die 2. Person Singular auf **-a** bilden (z. B. **mangia!, studia!**).

- Der verneinte Imperativ der 2. Person Singular wird mit **non** + Infinitiv gebildet, z. B.:
  **Non fumare!** *Rauche nicht!*
  **Non parlare!** *Sprich nicht!*

- Der Imperativ der Höflichkeitsform stammt aus den Formen des *Congiuntivo presente*:
  Congiuntivo: **Vuole che vada via.** *Er will, dass ich weggehe.*
  Imperativo: **(Lei) vada via!** *Gehen Sie weg!*

|  | *mangiare* | *scrivere* | *sentire* |
|---|---|---|---|
| tu | Mangia! | Scrivi! | Senti! |
| Lei | Mangi! | Scriva! | Senta! |
| noi | Mangiamo! | Scriviamo! | Sentiamo! |
| voi | Mangiate! | Scrivete! | Sentite! |

# Das Condizionale

Das *Condizionale* wird verwendet:

1. in Bedingungssätzen, um etwas Mögliches oder Irreales auszudrücken (▶ Kapitel 7 Der Bedingungssatz):
**Se fossi ricchissima,**    *Wenn ich sehr reich wäre,*
**viaggerei molto.**    *würde ich viel verreisen.*

2. als *Condizionale passato* in der indirekten Rede (▶ Kapitel 7 Die indirekte Rede), um die Nachzeitigkeit zu bezeichnen (Zukunft in der Vergangenheit):
**Disse che l'avrebbe fatto**    *Er sagte, er würde es gleich tun.*
**subito.**

3. zum Ausdruck eines Wunsches:
**Vorrei andare in Australia.**    *Ich würde gerne nach Australien fliegen.*

4. zum Ausdruck einer höflichen Bitte oder Aufforderung:
**Ti dispiacerebbe aprire**    *Würde es dir etwas ausmachen,*
**la porta?**    *die Tür zu öffnen?*

5. zur Abschwächung von Aussagen:
**Secondo me sarebbe**    *Meiner Meinung nach wäre es*
**il caso di scusarsi.**    *angebracht, sich zu entschuldigen.*

6. zur vorsichtigen Wiedergabe von Nachrichten:
**Secondo alcune indiscrezioni,**    *Gerüchten zufolge sei der Präsident*
**il presidente sarebbe stato**    *in einem Lokal in der Stadtmitte*
**visto in un locale del centro.**    *gesehen worden.*

7. zum Ausdruck einer gewissen Skepsis:
**E quanto hai detto che**    *Und was hast du gemeint,*
**costerebbe?**    *was es kosten soll?*

## Leicht gemerkt!

Das *Condizionale* können Sie im Italienischen häufig hören. Man kann sich damit höflicher, aber auch nuancierter ausdrücken. Wenn Sie etwas bestellen, sagen Sie z. B. **Vorrei un caffè** (*Condizionale* von **volere**) und nicht **Voglio un caffè**. Das wäre unhöflich.

# Der Congiuntivo

Während der Indikativ ein Geschehen als wahr und objektiv darstellt, tritt mit dem *Congiuntivo* die Subjektivität in den Vordergrund!

| Indicativo | |
|---|---|
| Carlo **è** malato. | Carlo ist krank. |
| Congiuntivo | |
| Mi dispiace che Carlo **sia** malato.<br>Temo che Carlo **sia** malato. | Es tut mir leid, dass Carlo krank ist.<br>Ich fürchte, dass Carlo krank ist. |

## Der Congiuntivo in Nebensätzen

Der italienische *Congiuntivo* ist das Hauptsignal für Nebensätze, wenn im Hauptsatz gewisse Verben/Ausdrücke stehen. Diese sind:

- **Verben/Ausdrücke des Meinens und Glaubens**
  **Penso che l'Italia debba**     *Ich denke, dass Italien vereint*
  **restare unita.**     *bleiben sollte.*

  Dazu gehören: **credo/penso/trovo/ritengo che** *(ich denke, dass);* **sono del parere/dell'opinione che** *(ich bin der Ansicht, dass);* **ho l'impressione che** *(ich habe den Eindruck, dass);* **immagino che** *(ich kann mir vorstellen, dass);* **mi sembra/pare che** *(es scheint mir, dass);* **sono convinto che** *(ich bin überzeugt, dass)*

  Nach **pensare, credere, ritenere, sembrare, parere** kann **che** entfallen:
  **Non ritengo (che) sia**     *Ich glaube nicht, dass es nötig ist.*
  **necessario.**

  Bedingung dafür ist aber, dass im **che**-Satz der *Congiuntivo* steht und nicht (wie es umgangssprachlich oft der Fall ist) der Indikativ!

- **Verben/Ausdrücke der Willensäußerung/Hoffnung/Erlaubnis/ des Verbietens**

  **Voglio che lui mi dia una risposta.** *Ich möchte, dass er mir eine Antwort gibt.*

  Dazu gehören: **aspetto che** *(ich warte darauf, dass)*; **chiedo che** *(ich bitte darum, dass)*; **domando che** *(ich verlange, dass)*; **concedo/ consento (a qn.) che** *(ich gestatte jmd., dass)*; **desidero che** *(ich wünsche, dass)*; **esigo/pretendo che** *(ich fordere, dass)*; **imploro/ supplico che** *(ich bitte flehentlich, dass)*; **lascio che** *(ich lasse es zu, dass)*; **non vedo l'ora che** *(ich kann es nicht abwarten, bis)*; **ordino a qu. che** *(ich befehle jmd., dass)*; **permetto che** *(ich erlaube, dass)*; **preferisco che** *(ich ziehe es vor, dass)*; **prego che** *(ich bitte darum, dass)*; **spero che** *(ich hoffe, dass)*; **voglio che** *(ich will, dass)* usw.

- **Verben/Ausdrücke der Gefühlsäußerung**

  **Sono contenta che tu mi venga a trovare.** *Ich freue mich, dass du mich besuchst.*

  Dazu gehören: **sono contento/felice che** *(ich freue mich, dass)*; **sono triste che** *(ich bin traurig, dass)*; **sono sorpreso che** *(ich bin überrascht, dass)*; **non sopporto che** *(ich ertrage es nicht, dass)*; **temo che** *(ich fürchte, dass)*; **ho paura che** *(ich habe Angst, dass)*; **mi dà fastidio che** *(es stört mich, dass)*; **mi dispiace che** *(es tut mir leid, dass)*; **mi fa piacere che** *(es freut mich, dass)*; **mi mera-viglio/stupisco che** *(ich wundere mich, dass)*; **mi preoccupo che** *(ich mache mir Sorgen, dass)*; **mi vergogno che** *(ich schäme mich dafür, dass)*

- **Verben/Ausdrücke des Zweifelns und der Unsicherheit**

  **Non sapevo se fosse vero.** *Ich wusste nicht, ob es stimmte.*
  **Dubito che dica la verità.** *Ich bezweifle, dass er die Wahrheit sagt.*

  Dazu gehören: **dubito che** *(ich bezweifle, dass)*; **mi domando se** *(ich frage mich, ob)*

  Außerdem zählen dazu auch Verben/Ausdrücke des Behauptens, Versicherns und Wissens, wenn sie in verneinter Form gebraucht werden, z. B.: **non so se** *(ich weiß nicht, ob)*; **non sono sicuro che** *(ich bin nicht sicher, ob)*; **non capisco come** *(ich verstehe nicht, wie)*

- **Unpersönliche Verben/Ausdrücke**
  **Può darsi che io abbia ragione.** *Es kann sein, dass ich Recht habe.*
  **È ingiusto che alcuni** *Es ist ungerecht, dass manche*
  **vengano favoriti.** *bevorzugt behandelt werden.*

  Dazu gehören: **bisogna/occorre che** *(es ist erforderlich, dass)*;
  **basta che** *(es reicht, wenn)*; **può darsi che** *(es kann sein, dass)*;
  **non è detto che** *(es ist nicht gesagt, dass)*; **è una vergogna che**
  *(es ist eine Schande, dass)*; **(è un) peccato che** *(es ist schade,*
  *dass)*; **è/mi sembra/mi pare meglio/giusto/ importante/neces-**
  **sario** usw. **che** *(es ist/es scheint mir besser/gerecht/wichtig/not-*
  *wendig usw., dass)*

Zum *Congiuntivo* im **che**-Satz merken Sie sich bitte noch Folgendes:

  - Anders als im Deutschen, steht im Italienischen vor dem **che**
    kein Komma!
  - Wenn Haupt- und Nebensatz das gleiche Subjekt haben, wird
    anstelle des **che**-Satzes ein Infinitivsatz gebraucht (anders
    als im Deutschen!):
    **Temo che Alfredo abbia freddo.** *Ich fürchte, Alfredo ist es kalt.*
    Aber: **Temo di aver freddo.** *Ich fürchte, dass es mir kalt wird.*

### Weiterer Gebrauch des *Congiuntivo* in Nebensätzen

Der *Congiuntivo* steht nicht nur in **che**-Sätzen, die durch die eben
genannten Ausdrücke eingeführt werden. Er steht auch:

1. nach bestimmten Konjunktionen
   **Benché sia stanco,** *Obwohl er müde ist,*
   **non riesce a dormire.** *kann er nicht schlafen.*

   ▷ Kapitel 11

2. nach Ausdrücken mit konditionalem Charakter
   **Qualsiasi cosa mangi,** *Egal, was er isst, er hat immer*
   **trova sempre da ridire.** *etwas zu meckern.*

   Also nach: **chiunque, qualunque** *(welches auch immer)*, **dovunque,**
   **comunque** *(egal, wie)*

3. nach dem vorangestellten **che**-Satz/**il fatto che**-Satz
   **Che venga è sicuro.** *Dass er kommt, ist ziemlich sicher.*

4. nach einigen verneinten Ausdrücken

**Non dico che debba farlo**     *Ich sage nicht, dass er das sofort*
**subito, ma presto.**     *tun muss, aber er sollte es bald tun.*

5. in bestimmten Relativsätzen
   a. wenn Wünsche/Forderungen ausgedrückt werden:

   **Pensate a un regalo**     *Überlegt euch ein Geschenk, worüber*
   **che vi faccia piacere.**     *ihr euch freuen würdet.*

   b. wenn im Hauptsatz Ausschließlichkeit zum Ausdruck kommt, durch
      • Superlativ:

      **È la casa più bella**     *Es ist das schönste Haus,*
      **che abbia mai visto.**     *das ich je gesehen habe.*

      • Verneinung:

      **Non c'è nessuno che**     *Ist niemand da, der mitkommen*
      **voglia venire?**     *möchte?*

      • *l'unico, il solo, il primo* usw.:

      **Siamo gli unici che**     *Wir sind die einzigen, die sich gut*
      **vadano d'accordo.**     *verstehen.*

Der *Congiuntivo* hat, anders als der deutsche Konjunktiv, nichts mit indirekter Rede zu tun.

> **!** Bei informellem Sprachgebrauch wird der *Congiuntivo* im **che**-
> Satz immer mehr durch den Indikativ verdrängt:
> **Credo che è vero.**     *Ich glaube, dass es wahr ist.*

### Leicht gemerkt!

Der *Congiuntivo* steht im Nebensatz, wenn das Verb im Hauptsatz allgemein Subjektivität, (Un)Möglichkeit, (Un)Wahrscheinlichkeit und Gefühle wie Unsicherheit, Angst etc. ausdrückt.

## Der Congiuntivo im Hauptsatz

Der *Congiuntivo* steht ziemlich selten im Hauptsatz. Er kann darin Folgendes ausdrücken:

1. im *Congiuntivo presente* Wunsch/Hoffnung:

   **Possiate vivere in pace!**     *Möget ihr in Frieden leben!*

2. im *Congiuntivo imperfetto/trapassato* irreale Wunschsätze:
   **Ti avessi conosciuto prima!** *Hätte ich dich bloß früher kennengelernt!*
   **Fossi ricca!** *Wenn ich nur reich wäre!*

3. Aufforderungen, Verwünschungen (oft formelhafte Wendungen):
   **(Che) mi cerchi lui!** *Er soll mich aufsuchen!*

4. zweifelnde Überlegungen:
   **Che abbia ragione lei?** *Ob sie wohl recht hat?*

---

**Leicht gemerkt!**

Beschreiben Sie für sich auf Italienisch, was Sie um sich herum
sehen, was geschieht etc. Dadurch können Sie überall, wo Sie sind,
ihr Italienisch üben, z. B. im Bus, in der U-Bahn, bei einem Spazier-
gang etc.

# Der Infinitiv

Merken Sie sich bitte, wann der Infinitiv mit und wann ohne Präposi-
tion gebraucht wird. Hier passieren den Italienischlernenden häufig
Fehler.

## Der Infinitiv ohne Präposition

Zuerst finden Sie die Fälle aufgelistet, in denen man im Deutschen
meist den Infinitiv mit *zu* gebrauchen würde: Im Italienischen steht
der Infinitiv ohne Präposition:

1. nach unpersönlichen Verben und Ausdrücken. Dazu gehören: **basta,
   bisogna, conviene** *(es ist besser),* **mi interessa, mi fa piacere,
   mi piace, è bene/meglio/possibile** usw.
   **È interessante visitare** *Es ist interessant, romanische*
   **chiese romaniche.** *Kirchen zu besichtigen.*
   **È un piacere incontrarti!** *Es ist eine Freude, dich zu treffen!*
   **Bisogna andarci.** *Man muss hingehen.*

2. nach **che** + Substantiv/Adjektiv im Ausruf:
   **Che piacere!** *Was für ein Vergnügen!*
   **Che bello rivederti!** *Wie schön, dich wiederzusehen!*

3. nach den Verben **amare, desiderare, intendere, osare, preferire:**
   **Amo bere il tè d'inverno.** *Ich liebe es, im Winter Tee zu trinken.*

Wie im Deutschen steht der Infinitiv ohne Präposition:

4. nach den Verben **dovere, potere, sapere, volere, fare, lasciare:**
**Non posso uscire,**        *Ich kann nicht ausgehen,*
**devo studiare.**         *ich muss lernen.*

5. nach Verben der Wahrnehmung, z. B. **vedere, sentire, guardare:**
**Guardo mio figlio dormire.**  *Ich schaue meinem Sohn beim Schlafen zu.*

Der Infinitiv steht darüber hinaus auch in den folgenden Fällen (die im Deutschen keine Entsprechung finden) ohne Präposition:

6. in emphatischen Aussagen und Fragesätzen:
**Io chiedergli scusa?!**    *Ich soll mich entschuldigen?!*

7. in indirekten Fragesätzen:
**Non so come fare.**    *Ich weiß nicht, wie ich es tun soll.*

8. in Relativsätzen zum Ausdruck einer Möglichkeit:
**Tutti hanno bisogno di**    *Alle brauchen jemanden, mit dem*
**qualcuno con cui parlare.**  *sie reden können.*

9. in Arbeitsanweisungen und Aufforderungen:
**Leggere le avvertenze**    *Vor der Benutzung die*
**prima dell'uso.**    *Gebrauchsanweisung lesen.*

10. im verneinten Imperativ der Du-Form:
**Non litigare con tuo fratello!**  *Streite dich nicht mit deinem Bruder!*

## Der Infinitiv mit *di*

Der Infinitiv mit **di** steht nach den Verben, die sonst ein direktes Objekt haben: Dazu gehören z. B.: **ammettere di** *(zugeben);* **aspettare di** *(warten);* **credere di** *(glauben);* **decidere di** *(beschließen);* **dichiarare di** *(erklären);* **dimenticare di** *(vergessen);* **dire di** *(sagen);* **evitare di** *(vermeiden);* **finire di** *(aufhören);* **giurare di** *(schwören);* **ricordare di** *(sich erinnern);* **rifiutare di** *(ablehnen);* **smettere di** *(aufhören);* **sognare di** *(träumen)*
**Ho giurato di non venirci più.**  *Ich habe mir geschworen, nicht mehr herzukommen.*

**Mi ha detto di aver**    *Er hat mir gesagt, dass er ein Haus*
**comprato una casa.**    *gekauft hat.*

Außerdem kann der Infinitiv mit **di** nach folgenden Verben stehen:
**dubitare di** *(Bedenken haben)*; **accusare di** *(anklagen)*; **pregare/ chiedere/domandare di** *(bitten)*; **consigliare di** *(raten)*; **permettere di** *(erlauben)*; **proporre di** *(vorschlagen)*; **pentirsi di** *(bereuen)*; **vergognarsi di** *(sich schämen)*

Der Infinitiv mit **di** steht auch nach den folgenden Ausdrücken:

- mit **avere: avere bisogno** *(brauchen)*; **avere tempo** *(Zeit haben)*; **avere voglia** *(Lust haben)*; **avere intenzione** *(die Absicht haben)*; **avere la possibilità** *(die Möglichkeit haben)*; **avere paura** *(Angst haben)*; **avere il coraggio** *(den Mut haben)*; **avere il dovere** *(die Pflicht haben)*; **avere il diritto** *(das Recht haben)*
  **Ho voglia di andare a teatro.**   *Ich habe Lust, ins Theater zu gehen.*

- mit **essere: essere capace** *(fähig sein)*; **essere certo/sicuro** *(sicher sein)*; **essere contento/felice** *(froh sein)*; **essere convinto** *(überzeugt sein)*; **essere fiero/orgoglioso** *(stolz sein)*; **essere libero** *(frei sein)*; **essere stanco** *(es satt haben)*
  **Sono stanco di sopportare**   *Ich habe es satt, diese Geräusche zu*
  **questi rumori.**   *ertragen.*

## Der Infinitiv mit *a*

Der Infinitiv mit **a** steht:

1. nach Verben der Bewegung (**andare, venire** usw.) und des Bleibens (**stare, rimanere** usw.):
   **Andiamo a mangiare.**   *Gehen wir essen.*
   **Rimaniamo a chiacchierare.**   *Plaudern wir noch eine Weile.*

2. nach folgenden Verben:
   **abituarsi** *(sich gewöhnen)*; **aiutare** *(helfen)*; **cominciare** *(anfangen)*; **continuare** *(weitermachen)*; **convincere** *(überzeugen)*; **costringere/ obbligare** *(zwingen)*; **divertirsi** *(Spaß haben)*; **imparare** *(lernen)*; **invitare** *(auffordern)*; **prepararsi** *(sich vorbereiten)*; **provare** *(versuchen)*; **rinunciare** *(verzichten)*; **riuscire** *(es fertig bringen)*
   **Sei riuscito a vederlo?**   *Hast du es geschafft, ihn zu treffen?*

3. nach manchen Adjektiven, wie z. B.:
   **abituato** *(gewohnt)*, **adatto** *(geeignet)*, **deciso** *(entschlossen)*, **disposto/pronto** *(bereit)*:
   **Sei pronto ad affrontare**   *Bist du bereit, alle Schwierigkeiten*
   **tutte le difficoltà?**   *zu meistern?*

4. nach **avere difficoltà** und **fare fatica**:

**Ho difficoltà/Faccio**      *Ich habe Mühe, ihn zu*
**fatica a capirlo.**      *verstehen.*

## Der Infinitiv mit *da*

Der Infinitiv mit **da** steht:

1. zur Angabe der Bestimmung (vor allem nach **che cosa, qualcosa, niente, molto, tanto, poco**), des Zwecks oder der Notwendigkeit:

**Ho tanto da fare.**      *Ich habe viel zu tun.*
**Dammi qualcosa da bere.**      *Gib mir etwas zu trinken.*

2. zur Angabe der Folge (**così/tanto** + Adjektiv/Adverb):

**Chi è così gentile da**      *Wer ist so nett und hilft mir?*
**aiutarmi?**

3. nach **essere** mit passivischer Bedeutung:

**Questo progetto**      *Dieser Entwurf muss noch*
**è ancora da approvare.**      *genehmigt werden.*

## Der Infinitiv nach anderen Präpositionen

Der Infinitiv steht auch nach anderen Präpositionen, wenn das Subjekt des Infinitivs und das des Hauptsatzes übereinstimmen. Die meisten dieser Ausdrücke können im Deutschen nicht durch Infinitivsätze ausgedrückt werden.

- Zeitbegriff:      **dopo** *(nachdem),* **prima di** *(bevor),* **nel** *(beim/als).*

- Bedingung:      **a condizione di** *(unter der Bedingung, dass),* **a meno di** *(es sei denn, dass)* **a costo di/a rischio di** *(auf die Gefahr hin).*

- Zweck/Ziel:      **per** *(um zu),* **in modo (tale) da** *(so dass),* **allo/con lo scopo di** *(mit dem Ziel).*

- Folge      **fino a/a tal punto da** *(bis /so ... dass).*

- Sonstiges      **a forza/furia di** *(durch zu viel;)* **anziché/invece di** *(anstatt);* **oltre a** *(außer);* **con la scusa di/col pretesto di** *(unter dem Vorwand);* **pur di** *(nur um).*

Viele dieser Ausdrücke kann man auch als Konjunktionen benutzen (meist mit **che** anstatt **di**) (▶ Kapitel 11).

## Der Infinitiv in verkürzten Sätzen

Der Infinitiv kann stehen:

1. anstelle eines Relativsatzes:
   **Carlo è l'unico a saperlo.** *Carlo ist der einzige, der es weiß.*
   **È stato Giovanni a darmelo.** *Es war Giovanni, der mir das gab.*

2. anstelle eines Nebensatzes mit **se:**
   **A pensarci, non è difficile.** *Wenn man es sich recht überlegt ...*

3. in Verbindung mit Fragewörtern:
   **Dove andare?** *Wohin sollen wir gehen?*
   **Non so se farlo.** *Ich weiß nicht, ob ich es tun soll.*

Pronomen werden an den Infinitiv meist angehängt (▶ Kapitel 8 Stellung der unbetonten Pronomen):
**Volevo dirglielo.**

---

### Leicht gemerkt!

Hier die wichtigsten Ausdrücke mit Infinitiv auf einen Blick:

Infinitiv **ohne Präposition**:
- basta, bisogna, mi interessa, mi piace, è meglio **+ Infinitiv**
- desiderare, preferire, dovere, potere, sapere, volere, fare, lasciare **+ Infinitiv**

Infinitiv mit **di**:
aspettare, credere, decidere, finire, dimenticare **+ di + Infinitiv**

Infinitiv mit **a**:
aiutare, cominciare, continuare, imparare, riuscire **+ a + Infinitiv**

Infinitiv mit **da**:
qualcosa, niente, molto, poco **+ da + Infinitiv**

Steht der Infinitiv nach einer Form von **stare + per**, so wird damit ausgedrückt, dass man im Begriff ist, etwas zu tun:
**Valeria stava per uscire.** *Valeria war im Begriff hinauszugehen.*

Der Infinitiv in Verbindung mit **fare** bedeutet *veranlassen*:
**Faccio riparare la macchina.** *Ich lasse das Auto reparieren.*

# Das Gerundium

**L'appetito vien mangiando.** *Der Appetit kommt mit dem Essen.*

Das Gerundium wird folgendermaßen gebildet:

- bei Verben auf **-are:** Infinitivstamm + **-ando**.
  Beispiel: **pensare:**    **pens-** + **-ando** = **pensando**

- bei Verben auf **-ere** und **-ire:** Infinitivstamm + **-endo**.
  Beispiel: **vedere:**    **ved-** + **-endo** = **vedendo**
           **sentire:**    **sent-** + **-endo** = **sentendo**

Das Gerundium wird benutzt, um Nebensätze zu verkürzen, wenn die Handlung gleichzeitig zum Hauptsatz verläuft. Meist hat das Gerundium das gleiche Subjekt wie der Hauptsatz. Die Funktion des Gerundiums können Sie am besten aus dem Zusammenhang ableiten:

1. Betonung der Gleichzeitigkeit
   **Uscendo di casa si**    *Als er das Haus verließ, erinnerte*
   **è ricordato di aver**    *er sich daran, dass er die Tasche*
   **dimenticato la borsa.**    *vergessen hatte.*

2. Grund
   **Essendo stanca, restò a casa.**  *Da sie müde war, blieb sie zu Hause.*

3. Art und Weise, Mittel
   **Sbagliando s'impara.**    *Aus Fehlern lernt man.*

4. Bedingung, Voraussetzung

**Prendendo un taxi ce la**      *Wenn wir ein Taxi nehmen, schaffen*
**facciamo.**      *wir es.*

5. Einräumung (mit **pur**!)

**Pur avendo tempo, non**      *Obwohl ich Zeit hatte, hatte ich*
**avevo voglia di vederlo.**      *keine Lust ihn zu sehen.*

6. Folge

**La tazza mi è scivolata,**      *Die Tasse ist mir entglitten und*
**rompendosi in mille pezzi.**      *in tausend Stücke zersprungen.*

Beachten Sie bitte noch Folgendes:

- Es gibt auch eine Vergangenheitsform des Gerundiums *(Gerundio Passato):* Sie besteht aus dem Gerundium des Hilfverbs und dem *Participio passato* des Hauptverbs.

  **Avendo passato tre anni**      *Nachdem sie drei Jahre in*
  **in Austria, parlano bene**      *Österreich verbracht haben,*
  **il tedesco.**      *sprechen sie gut Deutsch.*

- Pronomen werden an das Gerundium angehängt:

  **Avendola sognata la**      *Da er nachts von ihr geträumt*
  **notte, arrossì.**      *hatte, errötete er.*

- Das Gerundium kann auch ein eigenes Subjekt haben:

  **Essendosi sciolto il ghiaccio,**      *Da das Eis geschmolzen war,*
  **scivolai nell'acqua.**      *glitt ich ins Wasser.*

## Leicht gemerkt!

Beachten Sie die folgenden Wendungen:

**stare** + Gerundium: Eine Handlung passiert gerade (im Moment):
**A cosa stai pensando?**      *Woran denkst du gerade?*

**andare** + Gerundium: Ein Vorgang wiederholt sich ständig:
**Va dicendo che mento.**      *Er/Sie erzählt allen, dass ich lüge.*

# Das Participio passato

Das *Participio passato* wird gebildet, indem man an den Infinitivstamm bei den Verben auf **-are** die Endung **-ato,** bei den Verben auf **-ere** die Endung **-uto** und bei den Verben auf **-ire** die Endung **-ito** anhängt. Aber Achtung: Bei vielen Verben auf **-ere** und einigen Verben auf **-ire** ist das *Participio passato* unregelmäßig (▶ Kapitel 6).

Das *Participio passato* wird gebraucht, um die zusammengesetzten Zeiten und das Passiv (▶ Kapitel 7 Das Passiv) zu bilden:

| | |
|---|---|
| **Ho studiato archeologia.** | *Ich habe Archäologie studiert.* |
| **Sono stati visti due UFO.** | *Zwei UFOs sind gesichtet worden.* |

## Das Partizip in Verbindung mit *essere*

In Verbindung mit **essere** übernimmt das Partizip immer die Endungen des Subjekts:

| | | | |
|---|---|---|---|
| **Carlo** | **è** | **andato** | **a Roma.** |
| **Carla** | **è** | **andata** | **a Roma.** |
| **Carlo e Carla** | **sono** | **andati** | **a Roma.** |
| **Carla e Tina** | **sono** | **andate** | **a Roma.** |

Vergessen Sie das auch bei den reflexiven Verben nicht:

| | | | |
|---|---|---|---|
| **Carla** | **si** | **è** | **lavata.** |
| **Carla e Tina** | **si** | **sono** | **lavate.** |

## Das Partizip in Verbindung mit *avere*

In Verbindung mit **avere** bleibt das Partizip unverändert:
**Ho mangiato il dolce/la pizza/gli spaghetti/le tagliatelle.**

Wenn allerdings ein direktes Objekt in Form eines Pronomens der 3. Person (**lo, la, li, le** ▶ Kapitel 8 Direkte Objektpronomen) vor dem Partizip steht, so richtet sich das Partizip in Geschlecht und Zahl nach dem direkten Objekt:

| | | |
|---|---|---|
| **Ho mangiato il dolce.** | ➡ | **L'ho mangiato.** |
| **Ho mangiato la pizza.** | ➡ | **L'ho mangiata.** |
| **Ho mangiato le tagliatelle.** | ➡ | **Le ho mangiate.** |
| **Ho mangiato gli spaghetti.** | ➡ | **Li ho mangiati.** |

Bei Pronomen der 1. und 2. Person **(mi, ti, ci, vi)** ist die Übereinstimmung freiwillig:

**Franca, ti ho visto/vista ieri.**    *Franca, ich habe dich gestern gesehen.*

Das Partizip ändert sich auch, wenn **ne** (▶ Kapitel 8 Das Pronominaladverb **ne**) vor dem Verb steht:

**Ne ho letti, di libri.**    *Bücher habe ich viele gelesen.*

**Hai bevuto della birra?**    *Hast du Bier getrunken?*

**– Ne ho bevuta poca.**    *– Ich habe wenig getrunken.*

---

### Leicht gemerkt!

Das *Participio passato* (Endungen auf **-ato**, **-uto**, **-ito**) brauchen Sie für das *Passato prossimo* (und auch für andere Zeitformen) sowie für das Passiv. Steht das *Participio passato* mit **essere**, wird es an das Subjekt angeglichen.

Beachten Sie folgende Wendung in Verbindung mit **andare**:

**Questo pesce va fritto nell'olio.**    *Dieser Fisch muss in Öl frittiert werden.*

---

# Der Bedingungssatz

Im Italienischen wird die Konstruktion mit dem Bedingungssatz *periodo ipotetico* genannt. Sie besteht aus dem durch **se** eingeleiteten Satz, der die Bedingung enthält, und dem Hauptsatz, in dem die Folge dargestellt wird. Im Deutschen entspricht dieser Konstruktion das Prinzip *wenn ..., dann...* Je nachdem, wie wahrscheinlich die Bedingung und die Folge sind, werden unterschiedliche Zeitformen verwendet.

*Wenn du schöner wärst, würde dich die Königin umbringen.*

### Reale Hypothese = Bedingung und Folge sind sehr wahrscheinlich

| se + Indikativ + Indikativ | |
| --- | --- |
| Se esco con questo tempo, mi ammalo/ammalerò. | *Wenn ich bei diesem Wetter ausgehe, werde ich krank (werden).* |

| se + Indikativ + *Condizionale presente* | |
| --- | --- |
| Se ti impegni di più, potresti riuscirci. | *Wenn du dir mehr Mühe gibst, könntest du es schaffen.* |

| se + Indikativ + *Imperativo* | |
| --- | --- |
| Se esci, comprami il giornale. | *Falls du ausgehst, kauf mir eine Zeitung.* |

### Mögliche Hypothese = Bedingung und Folge sind zwar möglich, aber nicht sehr wahrscheinlich

| se + *Congiuntivo imperfetto* + *Condizionale presente* | |
| --- | --- |
| Se mangiassi regolarmente, non avresti mal di stomaco. | *Wenn du regelmäßig essen würdest, hättest du keine Magenschmerzen.* |

| se + *Congiuntivo imperfetto* + *Imperativo* | |
| --- | --- |
| Se ti sentissi male, telefonami. | *Falls es dir schlecht gehen sollte, ruf mich an.* |

### Irreale Hypothese = Bedingung und Folge sind unmöglich

| se + *Congiuntivo imperfetto* + *Condizionale presente* | |
| --- | --- |
| Se Monna Lisa vivesse nella nostra epoca, farebbe la fotomodella. | *Würde Mona Lisa heutzutage leben, wäre sie ein Model.* |

| se + *Congiuntivo trapassato* + *Condizionale passato* | |
| --- | --- |
| Se fosse stato al posto mio, non l'avrebbe fatto. | *Wenn er an meiner Stelle gewesen wäre, hätte er es nicht gemacht.* |

| se + *Congiuntivo trapassato* + *Condizionale presente* | |
| --- | --- |
| Se fossimo arrivati in tempo, i negozi sarebbero ancora aperti. | *Wenn wir rechtzeitig gekommen wären, wären die Läden noch offen.* |

Der Bedingungssatz kann außer durch **se** auch durch andere Konjunktionen eingeführt werden, die (anders als **se**) immer den *Congiuntivo* verlangen. Eine Liste dieser Konjunktionen finden Sie in Kapitel 11.

# Die Zeitenfolge

## Die Zeitenfolge: In Nebensätzen mit Indikativ

Steht im Hauptsatz das *Presente,* das *Futuro* oder der *Imperativo,* können im Nebensatz folgende Zeiten folgen:

* bei Vorzeitigkeit:
  *Passato prossimo* (am häufigsten), *Imperfetto, Trapassato prossimo, Passato remoto, Condizionale passato* (falls eine Bedingung mitgedacht wird). Ein Beispiel:
  **So che sei andato in Italia.**    *Ich weiß, dass du nach Italien gefahren bist.*

* bei Gleichzeitigkeit:
  *Presente.* Ein Beispiel:
  **Gli dirò che vai in Italia.**    *Ich werde ihm sagen, dass du nach Italien fährst.*

* bei Nachzeitigkeit:
  *Futuro* (am häufigsten), *Presente, Futuro anteriore, Condizionale presente* (falls eine Bedingung mitgedacht wird). Ein Beispiel:
  **Digli che andrai in Italia.**    *Sag ihm, dass du nach Italien fahren wirst.*

Steht im Hauptsatz das *Imperfetto,* das *Passato prossimo* oder das *Passato remoto,* können im Nebensatz folgende Zeiten folgen:

* bei Vorzeitigkeit:
  *Trapassato prossimo.* Ein Beispiel:
  **Sapevo che nel 1950 eri andato in Italia.**    *Ich wusste, dass du 1950 nach Italien gefahren bist (warst).*

* bei Gleichzeitigkeit:
  *Imperfetto.* Ein Beispiel:
  **Aveva saputo che andavo spesso in Italia.**    *Er hatte erfahren, dass ich oft nach Italien fuhr.*

* bei Nachzeitigkeit:
  *Condizionale passato* (am häufigsten), *Imperfetto.* Ein Beispiel:
  **Gli dissi che sarei partito per l'Italia.**    *Ich sagte ihm, ich würde nach Italien fahren.*

## Die Zeitenfolge: In Nebensätzen mit Congiuntivo

Ist der Ausgangspunkt im Hauptsatz das *Presente* oder das *Futuro,* können im Nebensatz (welche Verben/Ausdrücke den *Congiuntivo* verlangen, erfahren Sie in ▶ Kapitel 7 Der Congiuntivo in Nebensätzen) folgende Zeiten folgen:

- bei Vorzeitigkeit:
  *Congiuntivo passato* (am häufigsten), *Congiuntivo imperfetto, Congiuntivo trapassato, Condizionale passato* (wenn eine Bedingung mitgedacht wird). Ein Beispiel:

  | **Penso che sia andato in Italia.** | *Ich denke, dass er nach Italien gefahren ist.* |
  |---|---|

- bei Gleichzeitigkeit:
  *Congiuntivo presente.* Ein Beispiel:

  | **Penserà che vada in Italia.** | *Er/Sie wird denken, dass ich nach Italien fahre.* |
  |---|---|

- bei Nachzeitigkeit:
  *Futuro* (am häufigsten), *Congiuntivo presente, Futuro anteriore, Condizionale presente* (wenn eine Bedingung mitgedacht wird). Ein Beispiel:

  | **Penso che andrai in Italia.** | *Ich denke, dass du nach Italien fahren wirst.* |
  |---|---|

Steht im Hauptsatz das *Imperfetto,* das *Trapassato prossimo,* das *Passato prossimo* oder das *Passato remoto,* können im Nebensatz folgende Zeiten folgen:

- bei Vorzeitigkeit:
  *Congiuntivo trapassato.* Ein Beispiel:

  | **Temeva che fossi andato in Italia.** | *Er/Sie fürchtete, dass ich nach Italien gefahren sei.* |
  |---|---|

- bei Gleichzeitigkeit:
  *Congiuntivo imperfetto.* Ein Beispiel:

  | **Avevo pensato che andassi spesso in Italia.** | *Ich hatte gedacht, dass du oft nach Italien fährst.* |
  |---|---|

- bei Nachzeitigkeit:
  *Condizionale passato* (am häufigsten), *Congiuntivo imperfetto.* Ein Beispiel:

  | **Ho temuto che sarebbe partito per l'Italia.** | *Ich habe befürchtet, dass er nach Italien fahren würde.* |
  |---|---|

### Die Zeitenfolge, wenn der Hauptsatz im Condizionale steht

Wenn im Hauptsatz das *Condizionale* steht, können im Nebensatz folgende Zeiten folgen:

- bei Vorzeitigkeit:
  *Congiuntivo trapassato* (am häufigsten), *Congiuntivo imperfetto*, *Congiuntivo passato*. Ein Beispiel:

  | | |
  |---|---|
  | **Vorrei che non ci fossimo mai incontrati.** | *Ich wünschte, wir wären uns nie begegnet.* |

- bei Gleichzeitigkeit:
  *Congiuntivo imperfetto* (am häufigsten), *Congiuntivo presente*. Ein Beispiel:

  | | |
  |---|---|
  | **Vorrei che fossi qui.** | *Ich wünschte, du wärst hier.* |

- bei Nachzeitigkeit:
  *Congiuntivo imperfetto* (am häufigsten), *Congiuntivo presente*. Ein Beispiel:

  | | |
  |---|---|
  | **Vorrei che ci incontrassimo presto.** | *Ich möchte, dass wir uns bald treffen.* |

# Die indirekte Rede

Die indirekte Rede ist die Wiedergabe von Äußerungen in Abhängigkeit von einem Verb des Sagens (wie **dire, rispondere, scrivere**).

| Direkte Rede | Indirekte Rede | | | |
|---|---|---|---|---|
| | Gegenwart oder Zukunft | | Vergangenheit | |
| „Ero uscito." | | che era uscito. | | che era uscito. |
| „Ho mangiato." | | che ha mangiato. | | che aveva mangiato. |
| | Dice | | Disse | |
| „Avevo sonno". | | che aveva sonno. | | che aveva sonno. |
| | Ha detto | | Ha detto | |
| „Sto bene." | | che sta bene. | | che stava bene. |
| „Verrò." | | che verrà. | | che sarebbe venuto. |
| | Dirà | | Diceva | |
| „Lo farei (se potessi)." | | che lo farebbe. | | che l'avrebbe fatto. |

Im Allgemeinen ist zu beachten:

• Der Modus der indirekten Rede ist im Italienischen der Indikativ
  (im Deutschen ist es der Konjunktiv)!
• Beim Übergang von der direkten in die indirekte Rede ändern sich
  Verben, Adverbien, Pronomen.
• Wenn die indirekte Rede durch ein Verb in der Vergangenheit
  eingeleitet wird, verändern sich außerdem manche Adverbien.
  So wird z. B. **qui** zu **lì, domani** zu **il giorno dopo** usw.
• Wenn die Zeit des Hauptsatzes *Presente, Futuro* oder ein *Passato
  prossimo* ist, das sich auf die Gegenwart bezieht, bleiben die
  Zeiten der indirekten Rede gleich.
• Wenn die Zeit des Hauptsatzes in der Vergangenheit steht, ändern
  sich die Zeiten von der direkten in die indirekte Rede wie in der
  obigen Tabelle. Hier eine Zusammenfassung:

| Direkte Rede | Indirekte Rede |
|---|---|
| Trapassato prossimo<br>Passato prossimo | → Trapassato prossimo |
| Imperfetto<br>Presente | → Imperfetto |
| Futuro<br>Condizionale presente | → Condizionale passato |

Eine andere Möglichkeit der indirekten Rede: *di* + Infinitiv

Ein Infinitivsatz kann in der indirekten Rede anstelle eines **che-**Satzes
verwendet werden, wenn Haupt- und Nebensatz das gleiche Subjekt
haben. Also:

„**Sto bene**" – dice Paolo.  ⟶  Paolo **dice che sta bene.**
                                 Paolo **dice di stare bene.**

Aber:
„**Laura sta bene**" – dice Paolo.  ⟶  Paolo **dice che** Laura **sta bene.**

Die indirekte Frage

Die indirekte Frage gehört zur indirekten Rede; sie wird von Verben
wie **chiedere, domandare** sowie durch die Konjunktion **se** oder durch
Interrogativpronomen (▶ Kapitel 8) eingeleitet.

Für die indirekte Frage gelten die gleichen Regeln wie für die indirekte Rede mit einem Unterschied: Steht im Hauptsatz das Verb in einer Zeit der Vergangenheit, kann sowohl *Indicativo* als auch *Congiuntivo* folgen:

| Direkte Frage | Indirekte Frage | |
| --- | --- | --- |
| Che giornali hai comprato? | Mi ha chiesto che giornali avevo/ avessi comprato. | Vorzeitigkeit |
| Quanti anni hai? | Mi ha chiesto quanti anni ho/avessi. | Gleichzeitigkeit |
| Quando farai la spesa? | Mi ha chiesto quando facevo/ avrei fatto la spesa. | Nachzeitigkeit |

## Der Imperativ in der indirekten Rede

| Direkte Rede | Indirekte Rede | |
| --- | --- | --- |
| „Va' a letto!" | Mi ha detto di andare a letto. | *Er hat mir gesagt, ich soll ins Bett gehen.* |
| „Non parlare!" | Mi ha detto di non parlare. | *Er hat mir gesagt, ich soll nicht reden.* |

Normalerweise wird der Imperativ in der indirekten Rede durch **di** + Infinitivsatz ausgedrückt. Möglich ist aber auch – vor allem in Aufforderungen an Dritte:

- **che-**Satz im Congiuntivo:
  **Digli che vada a letto/ che non parli.** *Sag ihm, er soll ins Bett gehen/ er soll nicht reden.*

- **che-**Satz mit **dovere:**
  **Digli che deve andare a letto/ che non deve parlare.** *Sag ihm, dass er ins Bett gehen/ nicht reden soll.*

# Das Passiv

**Roma non fu fatta in un giorno.** *Rom wurde nicht an einem Tag erbaut.*

Das Passiv bildet man im Italienischen mit den Hilfsverben **essere** oder **venire** + *Participio passato* (▶ Kapitel 7 Das *Participio passato*). In den zusammengesetzten Zeiten kann das Passiv allerdings nur mit **essere** gebildet werden. Beispiele:

| | |
|---|---|
| **Il concerto è/viene sponsorizzato.** | *Das Konzert wird gesponsert.* |
| **Il concerto sarà/verrà sponsorizzato.** | *Das Konzert wird gesponsert werden.* |

Aber:

| | |
|---|---|
| **Il concerto è stato sponsorizzato.** | *Das Konzert ist gesponsert worden.* |

**Essere** + Partizip wird häufiger benutzt, um einen Zustand auszudrücken, während die Konstruktion **venire** + Partizip meist benutzt wird, um einen Vorgang auszudrücken. Beispiel:

| | |
|---|---|
| **La porta è chiusa.** | *Die Tür ist zu/wird geschlossen.* |
| **La porta viene chiusa.** | *Die Tür wird geschlossen.* |

Das Partizip richtet sich in Geschlecht und Zahl immer nach dem Subjekt. Beispiele:

| | |
|---|---|
| **Alcune turiste sono state viste in città.** | *Einige Touristinnen sind in der Stadt gesehen worden.* |

| | |
|---|---|
| **Alcuni ministri sono stati visti in città.** | *Einige Minister sind in der Stadt gesehen worden.* |

Wenn die Ursache bzw. der Urheber im Passivsatz genannt wird, wird diese(r) mit der Präposition **da** angeschlossen. Beispiel:

| | |
|---|---|
| **La manifestazione è/viene sponsorizzata da una ditta svedese.** | *Die Veranstaltung wird von einer schwedischen Firma gesponsert.* |

Das Passiv gibt es in allen Zeitformen außer im *Trapassato remoto*.

Beachten Sie bitte: Für *müssen* + Passiv sind im Italienischen mehrere Konstruktionen möglich. Beispiel: Der deutsche Satz *Der Boden muss gewischt werden* kann folgendermaßen übersetzt werden:

- mit **dovere** + Passiv: **Il pavimento deve essere lavato.**
- mit **essere da** + Infinitiv: **Il pavimento è da lavare.**
- mit **andare** + Partizip: **Il pavimento va lavato.**

# Die Wiedergabe von man – *si*-Konstruktionen

Das deutsche *man* wird im Italienischen meist durch **si** + Verb in der 3. Person Singular wiedergegeben.

## Bei Verben mit direktem Objekt (das „si passivante")

**Leicht gemerkt!**

Wenn das direkte Objekt ein Substantiv im Plural ist, steht – anders als im Deutschen – auch das Verb im Plural. Beispiel:

| | | |
|---|---|---|
| Objekt im Singular: | **In Italia si parla italiano.** | *In Italien spricht man Italienisch.* |
| Objekt im Plural: | **In Europa si parlano molte lingue.** | *In Europa spricht man viele Sprachen.* |

 Anders als im Deutschen:

Die zusammengesetzten Zeiten werden mit **essere** gebildet; dabei richten sich das Hilfsverb und das Partizip nach dem direkten Objekt.

| | |
|---|---|
| **Ultimamente ...** | *Letztlich ...* |
| **si è ottenuto un notevole successo.** | *hat man einen beträchtlichen Erfolg erzielt.* |

| si è avuta **una crisi di governo.** | *hat man eine Regierungskrise gehabt.* |
| si sono visti **ottimi risultati.** | *hat man sehr gute Ergebnisse gesehen.* |
| si sono analizzate **le cause.** | *hat man die Ursachen analysiert.* |

Das unpersönliche **si** steht immer unmittelbar vor dem Verb, außer in Verbindung mit **ne.** Hier wird **si** zu **se** und **ne** rückt zwischen **se** und das Verb.

| **Si interessa di sport. –** | *Er/Sie interessiert sich für Sport. –* |
| **Se ne interessa.** | *Er/Sie interessiert sich dafür.* |

## Bei reflexiven Verben

Bei reflexiven Verben wird das **si** + **si** zu **ci si.**

| **D'estate ci si abbronza.** | *Im Sommer wird man braun.* |

In den zusammengesetzten Zeiten steht das Partizip im Plural (männlich).

| **Ci si è abbronzati.** | *Man ist braun geworden.* |

## Bei Verben ohne Objekt (das „si impersonale")

Das Verb steht hier immer im Singular.

| **Il sabato sera si esce.** | *Am Samstagabend geht man aus.* |

Das *Participio passato* steht im Plural, wenn das Verb auch bei persönlicher Konstruktion mit **essere** konjugiert wird:

| **Si è sempre usciti il sabato.** | *Am Samstag ist man immer ausgegangen.* |

Ansonsten bleibt das Partizip Perfekt unverändert:

| **Si telefona alla mamma.** | *Man ruft die Mama an.* |
| **Si è telefonato alla mamma.** | *Man hat die Mama angerufen.* |

## Andere Möglichkeiten der Wiedergabe von *man*

*Man* kann auch ausgedrückt werden:

* durch das Pronomen **uno**:

| **Se uno sta attento, non succede niente.** | *Wenn man aufpasst, passiert nichts.* |

* durch die Du-Form:

| **Se stai attento, non ti succede niente.** | *Wenn du aufpasst, passiert dir nichts.* |

* durch die 3. Person Plural:

| **Dicono che valga molto.** | *Man sagt, es sei viel wert.* |

# Die italienischen Verben und ihre Objekte

 Folgende Verben – die im Deutschen ein indirektes bzw. ein
präpositionales Objekt verlangen –, werden im Italienischen mit
einem direkten Objekt konstruiert:

- **aiutare qn.** – *jdm. helfen*
  **Lo aiuto a tagliare la legna.** *Ich helfe ihm, das Holz zu hacken.*

- **ascoltare qn./qc.** – *jdm./einer Sache zuhören*
  **Ho ascoltato il canto**     *Ich habe dem Gesang der Vögel*
  **degli uccelli.**     *zugehört.*

- **aspettare qn./qc.** – *auf jdn./etwas warten*
  **Le abbiamo aspettate**     *Wir haben den ganzen Abend auf*
  **tutta la sera.**     *sie gewartet.*

- **chiedere/domandare qc.** – *nach etwas fragen/um etwas bitten*
  **Ha chiesto quel libro**     *Er hat nach dem Buch gefragt,*
  **di cui gli ho parlato.**     *von dem ich ihm erzählt hatte.*

- **contraddire qn.** – *jdm. widersprechen*
  **Non contraddirmi sempre!** *Du sollst mir nicht dauernd*
      *widersprechen!*

- **licenziare qn.** – *jdm. kündigen*
  **Li hanno licenziati.**     *Ihnen wurde gekündigt.*

- **minacciare qn.** – *jdm. drohen*
  **Hanno minacciato mio padre.** *Meinem Vater wurde gedroht.*

- **ringraziare qn. – jdm. danken**
  **La ringrazio!**     *Ich danke Ihnen!*

Mit indirektem Objekt werden im Gegensatz zum Deutschen folgende
Verben konstruiert:

- **chiedere a qn./domandare a qn.** – *jdn. fragen/bitten*
  **Le ho chiesto di andarsene.** *Ich habe sie gebeten, wegzugehen.*

- **rispondere a qc.** – *etwas beantworten/auf etwas antworten*
  **Rispondi alla mia lettera.**     *Beantworte meinen Brief.*

- **telefonare a qn. – jdn. anrufen**
  **Telefonagli!**     *Ruf ihn an!*

 Lernen Sie ein Verb am besten immer gleich zusammen mit
seinen wichtigsten Konstruktionen.

# 8 | Die Pronomen

## Die Personalpronomen

Anders als im Deutschen sind Subjektpronomen im Italienischen nicht obligatorisch. Sie treten nur in der betonten Form auf. Wenn man nicht betonen möchte, wer etwas macht, sind Person und Zahl an der Verwendung ablesbar. Schauen Sie sich dazu dieses Beispiel an:

**Marco legge molto. Ama i libri gialli; spesso però legge anche romanzi.**

*Marco liest viel. Er liebt Krimis, oft aber liest er auch Romane.*

**Io, la luna e tu.** *Ich, der Mond und du.*

# Die Subjektpronomen

| Subjektpronomen | |
|---|---|
| io | *ich* |
| tu | *du* |
| lui, egli, esso | *er* |
| lei, ella, essa | *sie* |
| Lei | *Sie* |
| noi | *wir* |
| voi | *ihr/Sie* |
| loro, essi, esse | *sie* |

Anders als im Deutschen sind Pronomen, die als Subjekt dienen, im Italienischen nicht immer obligatorisch. Sie werden nur ausgesprochen, wenn man sie besonders betonen will:

**Amo la musica.**                    *Ich liebe Musik.*
**Io amo la musica, e lui il teatro.**  *Ich liebe Musik und er das Theater.*

Sie haben sicherlich gemerkt, dass für die 3. Person Singular und Plural mehrere Pronomen zur Verfügung stehen. Worin unterscheiden sie sich?

| | Personen | | Tiere/Sachen/Abstrakta | |
|---|---|---|---|---|
| männlich | **lui**, egli | er | esso | es |
| weiblich | **lei**, ella, essa | sie | essa | sie |
| Plural | **loro**, essi | sie | essi | sie |
| Plural weiblich | esse | sie | esse | sie |

- Für Personen sind **lui, lei, loro** am gebräuchlichsten – selbst in der Schriftsprache verdrängen sie immer mehr die anderen Subjektpronomen (**egli, essa, essi, esse** sind aber stilistisch gehobener). Auch für Tiere werden in der Umgangsprache **lui/lei/loro** benutzt oder meist Demonstrativa (▶ Kapitel 8).

- **Ella** wird als veraltet und literarisch empfunden.

- **egli/ella** und **esso/essa** können nur mit einem Verb gebraucht werden; **lui** und **lei** können auch ohne Verb stehen:
  **Chi risponde? – Lui.**          *Wer antwortet? – Er.*

- nach Präpositionen werden für Personen nur **lei, lui, loro** benutzt, für Sachen und Abstrakta auch **esso, essa, essi, esse**:
  **È una storia interessante, su**   *Es ist eine interessante Geschichte,*
  **di essa si può fare un film.**   *man kann darüber einen Film drehen.*

Die Höflichkeitsform im Singular wird im Italienischen durch **Lei** + 3. Person Singular ausgedrückt. Wenn man mehrere Personen anspricht, wird meist **Voi** + 2. Person Plural gebraucht; **Loro** ist sehr formell, daher seltener. In diesem Fall können **Lei, Voi** und **Loro** groß oder klein geschrieben werden.

In der Handelskorrespondenz wird meist die 2. Person Plural **(Voi)** als Anredeform verwendet:

| | |
|---|---|
| **Vi inviamo le informazioni richiesteci.** | *Wir schicken Ihnen die angeforderten Informationen zu.* |

Betonte Pronomen werden gebraucht:

1. bei Gegenüberstellungen und Hervorhebung der Personen:

| | |
|---|---|
| **Ti sono simpatici i Rossi?** | *Findest du die Rossis sympathisch?* |
| **– Lui sì, lei no.** | *– Ihn schon, sie nicht.* |
| **Al conto ci penso io.** | *Um die Rechnung kümmere ich mich.* |

In diesem Fall können in der 3. Person nur **lui**, **lei** und **loro** gebraucht werden.

2. vor Präpositionen (Objektpronomen):

| | |
|---|---|
| **Vengo al cinema con te.** | *Ich komme mit dir ins Kino.* |

3. ohne Verb:

| | |
|---|---|
| **Chi è stato? – Lui!** | *Wer war's? – Er!* |

## Die direkten Objektpronomen

| direkte Objektpronomen | |
|---|---|
| mi | *mich* |
| ti | *dich* |
| lo | *ihn* |
| la | *sie* |
| La | *Sie* |
| ci | *uns* |
| vi | *euch/Sie* |
| li, le | *sie (m/f)* |
| si | *sich* |

Die direkten Objektpronomen ersetzen ein Objekt. Sie stehen immer im Zusammenhang mit einem Verb, das eine Ergänzung im Akkusativ (wen? was?) verlangt:

**Non mangia la pizza.** *Er/Sie isst keine Pizza.*
**Non la mangia.** *Er/Sie isst sie nicht.*

Die direkten Objektpronomen stehen immer vor dem konjugierten Verb (hier: **mangia**) und in verneinten Sätzen nach **non**.

• **Lo** heißt nicht nur *ihn*, sondern kann sich auch auf einen Sachverhalt beziehen, in vielen Fällen also für *es* stehen:
  **Non lo sa.** *Sie/Er weiß es nicht.*

• **Lo** und **la** werden vor den Formen von **avere** zu **l'**:
  **L'hai sentito?** *Hast du ihn gehört?*

• Die Reflexivpronomen sind mit den unbetonten Objektpronomen identisch, außer in der 3. Person: **si** ist das Reflexivpronomen in der 3. Person Singular und Plural.
  **Ti sei vestito bene?** *Hast du dich gut angezogen?*

## Die indirekten Objektpronomen

Das Italienische kennt betonte und unbetonte Pronomen, eine Unterscheidung, die es im Deutschen nicht gibt.

**Gli do ragione.** *Ich gebe ihm Recht.* (*ihm* ist unbetont)
**Do ragione a lui.** *Ich gebe ihm Recht.* (*ihm* ist betont)

| indirekte Objektpronomen | |
|---|---|
| mi | *mir* |
| ti | *dir* |
| gli | *ihm* |
| le | *ihr* |
| Le | *Ihnen* |
| ci | *uns* |
| vi | *euch/Ihnen* |
| gli, loro | *ihnen* |
| si | *sich* |

Die indirekten Objektpronomen verwendet man bei Verben, die eine Ergänzung im Dativ (wem? was?) verlangen. Diese Ergänzung erkennt man im Italienischen an der Präposition **a**:

**Do la chiave** a Fabio**.**          *Ich gebe Fabio den Schlüssel.*
Gli **do la chiave.**          *Ich gebe ihm den Schlüssel.*

Die indirekten Objektpronomen stehen wie die direkten Objektpronomen immer vor dem konjugierten Verb (hier: **do**) und in verneinten Sätzen nach **non**.

**Gli** ersetzt in der Umgangssprache häufig die weibliche Form **le** (in der Schriftsprache nicht möglich!).

## Die betonten Objektpronomen

| betonte Objektpronomen | |
| --- | --- |
| me | *mich* |
| te | *dich* |
| lui | *ihn* |
| lei | *sie* |
| Lei | *Sie* |
| noi | *uns* |
| voi | *euch/Sie* |
| loro | *sie* |
| sé | *sich* |

Die betonten Objektpronomen entsprechen bis auf **me** und **te** den Subjektpronomen und stehen mit Präpositionen, z. B.

**Posso venire** con voi**?**          *Kann ich mit euch kommen?*
A noi **piace moltissimo!**          *Uns gefällt es sehr!*
**È più alta** di me**.**          *Sie ist größer als ich.*

## Das Pronominaladverb *ci*

Das Pronominaladverb **ci** erfüllt zwei Funktionen:

1. Als Ortsadverb ersetzt **ci** Ortsangaben mit **a, da** *(zu)*, **in, per** und **su**:
   **Andate a Roma/da Luigi? –**          *Fahrt ihr nach Rom/zu Luigi? –*
   **Sì,** ci **andiamo.**          *Ja, wir fahren hin/dorthin.*

   **Quanto starete in Italia/**          *Wie lange werdet ihr in Italien/*
   **sulla nave?**          *auf dem Schiff bleiben? –*
   **–** Ci **staremo due giorni.**          *Wir werden zwei Tage da/dort bleiben.*

**Passiamo per Parigi?**  *Fahren wir über Paris? –*
**– No, non ci passiamo.**  *Nein, wir fahren da nicht vorbei.*

2. Als unbetontes Pronomen ersetzt **ci** Ausdrücke mit **a** (seltener mit **con** oder **su**):
**Pensi al tuo futuro?** –  *Denkst du an deine Zukunft? –*
**Sì, ci penso.**  *Ja, ich denke daran.*

▷ Kapitel 8 Die Stellung der unbetonten Pronomen

Das Pronomen **vi** ist eine Variante von **ci** in der Schriftsprache, die allerdings eher literarisch wirkt:
**Vi sono molti misteri.**  *Es gibt viele Geheimnisse.*

 Merken Sie sich bitte:

**entrarci** *(damit zu tun haben)* | **Lui non c'entra.** | *Er hat nichts damit zu tun.*
**esserci** *(da sein)* | **C'è del pane?** | *Ist Brot da?*
**starci** *(dabei sein/ mitmachen)* | **Non ci sto.** | *Ich mache nicht mit.*
**metterci** *(brauchen)* | **Ci abbiamo messo due ore.** | *Wir haben zwei Stunden gebraucht.*
**volerci** *(nötig sein/ brauchen)* | **Ci vuole dell'olio.** | *Man braucht Öl dazu.*
**vederci/sentirci** *(sehen/hören können)* | **Ci vedi con questi occhiali?** | *Kannst du mit dieser Brille etwas sehen?*

## Das Pronominaladverb *ne*

Das Pronominaladverb **ne** hat mehrere Bedeutungen:

1. Unbetontes Pronomen, ersetzt Ergänzungen mit **di** und **da**:
**Hai bisogno di soldi?** –  *Brauchst du Geld? –*
**Sì, ne ho bisogno.**  *Ja, ich brauche welches.*

**Ho letto il tuo libro e ne**  *Ich habe dein Buch gelesen und*
**sono rimasto impressionato.**  *es hat mich beeindruckt.*
**(= dal libro).**

Als Ersatz für Ausdrücke mit **di** hat **ne** auch eine partitive Bedeutung (= *davon*):

**Vuole patate? – Sì, ne**      *Möchten Sie Kartoffeln? –*
**prendo un chilo (di patate).** *Ja, ich nehme ein Kilo (davon).*

2. Ortsadverb, ersetzt Ortsangaben mit **da (di lì, di là)**:
**La nave si allontana**      *Das Schiff entfernt sich von der*
**dalla costa.**      *Küste.*
**La nave se ne allontana.** *Das Schiff entfernt sich davon.*

## Kombinationsformen der unbetonten Pronomen

Wenn zwei unbetonte Pronomen aufeinandertreffen, passieren zwei Dinge, die Sie sich merken sollten:

1. Das indirekte Objekt steht – anders als im Deutschen! – vor dem direkten:
**Te lo presto volentieri.**      *Ich leihe es dir gerne aus.*

2. Das Pronomen an erster Stelle verändert außerdem noch seine Form, meist, indem das **i** zum **e** wird. In der folgenden Tabelle finden Sie alle möglichen Kombinationsformen:

|  |  | **lo** | **la** | **li** | **le** | **ne** |
|---|---|---|---|---|---|---|
| **mi** | *mir* | me lo | me la | me li | me le | me ne |
| **ti** | *dir* | te lo | te la | te li | te le | te ne |
| **gli** **le** **Le** | *ihm* *ihr* *Ihnen* | glielo | gliela | glieli | gliele | gliene |
| **ci** | *uns* | ce lo | ce la | ce li | ce le | ce ne |
| **vi** | *euch* | ve lo | ve la | ve li | ve le | ve ne |
| **gli** | *ihnen* | glielo | gliela | glieli | gliele | gliene |
| **si** | *sich* | se lo | se la | se li | se le | se ne |
| **ci** | *da/dort* | ce lo | ce la | ce li | ce le | ce ne |

Bis auf **glielo, gliela** (die für die 3. Person Singular und Plural allgemein gelten) werden die Kombinationen getrennt geschrieben. Wenn sie angehängt werden, werden sie allerdings zusammengeschrieben:
**Me lo hai promesso!**      *Du hast es mir versprochen!*
**Promettimelo!**      *Versprich's mir!*

Es gibt auch einige Verbalkonstruktionen, bei denen Pronomen vorkommen:

**avercela con qn.** **Ce l'ho con te.**　　*Ich bin sauer auf dich.*
*(auf jdn. sauer sein)*

**andarsene**　　**Te ne vai?**　　*Gehst du weg?*
*(weggehen)*

**cavarsela**　　**In inglese me la cavo.** *Ich komme mit meinem*
*(zurechtkommen)*　　　　　　　　*Englisch zurecht.*

**farcela**　　**Ce l'abbiamo fatta!**　*Wir haben's geschafft!*
*(es schaffen)*

**prendersela**　　**Ve la siete presa?**　*Habt ihr euch geärgert?*
*(sich ärgern/aufregen)*

## Die Stellung der unbetonten Pronomen

Unbetonte Pronomen treten immer in Verbindung mit einem Verb auf.

1. Unbetonte Pronomen stehen vor dem konjugierten Verb – bei zusammengesetzten Zeiten stehen sie vor dem Hilfsverb:
   **Ti amo.**　　　　　　*Ich liebe dich.*
   **L'ha detto alla mamma.**　*Er/Sie hat es der Mutter gesagt.*

   Ausnahme: **loro** (gehoben für **gli**) steht immer nach dem Verb:
   **Dona loro ciò di cui hanno**　*Gib ihnen das, was sie brauchen.*
   **bisogno.**

2. Unbetonte Pronomen werden angehängt:
   a. an den Infinitiv (der dabei seinen Endvokal verliert):
      **Bisogna farlo subito.**　*Man muss es gleich erledigen.*

   b. an den Imperativ (außer bei der **Lei**-Form; beachten Sie dabei, dass bei **da'**, **di'**, **fa'**, **sta'** und **va'** eine Konsonantenverdopplung eintritt (außer bei **gli**): **dammi**, **dillo**, **fallo**, **stacci**, **vacci**.
      **Daglielo!**　　　*Gib's ihm/ihr!*
      Aber:
      **Glielo dia!**　　*Geben Sie's ihm/ihr!*

   c. an ecco:
      **Eccoli!**　　　*Da sind sie!*

d. an das Gerundium (▶ Kapitel 7 Das Gerundium) und an das Partizip:

**Hai sbagliato dandole ragione.** *Es war falsch von dir, ihr Recht zu geben.*

**Notatolo, mi nascosi.** *Als ich ihn bemerkte, versteckte ich mich.*

3. Unbetonte Pronomen werden vor das konjugierte Verb gesetzt oder auch angehängt (beides ist möglich):

a. bei Konstruktionen mit Modalverben (**dovere, potere, volere, sapere**):

**Lo posso fare./ Posso farlo.** *Ich kann es machen.*

b. bei **andare/venire/tornare** + Infinitiv:

**Te lo vado a prendere./ Vado a prendertelo.** *Ich hole es dir.*

c. bei Verben wie **cominciare, finire, continuare, stare per** + Infinitiv:

**Sta per farlo./ Lo sta per fare.** *Er/Sie wird es gleich tun.*

d. beim verneinten Imperativ der Du-Form:

**Non glielo dire!/ Non dirglielo!** *Sag es ihm/ihr nicht!*

## Leicht gemerkt!

Die italienischen Personalpronomen können Subjektpronomen (**io, tu, lui/lei/Lei, noi, voi, loro**) oder Objektpronomen sein. Bei den Objektpronomen unterscheidet man direkte (**mi, ti, lo/la/La, ci, vi, li/le**) und indirekte (**mi, ti, gli/le/Le, ci, vi, gli**); letztere in Verbindung mit Verben, die mit der Präposition **a** stehen.

Bis auf die 3. Person Singular und Plural entsprechen die indirekten Objektpronomen den direkten Objektpronomen. Merken Sie sich hierzu: **Mi, ti, ci und vi**
**verändern sich nie!**

| Das **Pronominaladverb ci** ersetzt | Das **Pronominaladverb ne** ersetzt |
|---|---|
| a) Orts- und Richtungsangaben mit **a**, **da**, **in**, **per** und **su** | a) Orts- und Richtungsangaben mit **da** |
| b) Ausdrücke mit der Präposition **a** | b) Ausdrücke mit den Präpositionen **di** und **da** |

Suchen Sie sich einen italienischen Text, der Ihnen gefällt, und ersetzen Sie einmal bewusst die Subjekte und Objekte durch ihre entsprechenden Pronomen. Also statt **Stasera vedo Elisa.** sagen Sie **Stasera la vedo.** etc.

# Die Reflexivpronomen

Die Reflexivpronomen begleiten die reflexiven Verben und stehen in der Regel vor dem konjugierten Verb. **Stamattina ci siamo alzati presto.** *(Heute Morgen sind wir früh aufgestanden.)* Bei bejahtem Imperativ wird jedoch das Reflexivpronomen angehängt (**Alzati!** *Steh auf!*). Sie dürfen nicht mit den direkten Objektpronomen verwechselt werden.

| | |
|---|---|
| io | **mi** |
| tu | **ti** |
| lui, lei, Lei | **si** |
| noi | **ci** |
| voi | **vi** |
| loro | **si** |

# Die Demonstrativa

Bei den Demonstrativa unterscheidet man je nach Funktion zwischen Adjektiv und Pronomen. Das Adjektiv steht als Begleiter des Substantivs, das Pronomen als Stellvertreter für ein Substantiv.

**Questo libro mi piace molto.** *Dieses Buch gefällt mir sehr.*

## Die Demonstrativadjektive *questo* und *quello*

**Questo** entspricht dem deutschen *diese(r),* und verweist auf Sachen/ Personen/Sachverhalte in zeitlicher oder räumlicher Nähe:

|  | männlich | | weiblich | |
|---|---|---|---|---|
|  | Singular | Plural | Singular | Plural |
| vor Konsonant | questo libro | questi libri | questa cena | queste cene |
| vor Vokal | quest'anno | questi anni | quest'amica | queste amiche |

- Bei einigen weiblichen Substantiven wird **questa** oft zu **sta** abgekürzt:
  **questa sera – stasera, questa notte – stanotte, questa mattina – stamattina**

  Die abgekürzten Formen **'sto/'sta/'sti/'ste** werden in der gesprochenen Sprache häufig benutzt:
  **'sta maledetta grammatica!**   *diese verflixte Grammatik!*

**Quello** entspricht dem deutschen *jene(r)* und verweist auf Sachen/ Personen/Sachverhalte in zeitlicher oder räumlicher Entfernung:

|  | männlich | | weiblich | |
|---|---|---|---|---|
|  | Singular | Plural | Singular | Plural |
| vor Konsonant | quel tipo | quei tipi | quella casa iena | quelle case iene |
| vor s + Konsonant vor gn, pn, ps, x, z, i + Vokal | quello stupido zio | quegli stupidi zii |  |  |
| vor Vokal | quell'arabo | quegli arabi | quell'amica | quelle amiche |

! Achtung! **Quel(lo)** vor einem Substantiv im Plural lautet **quei** (oder **quegli**), aber nie **quelli** – das ist das Pronomen im Plural (also ohne Substantiv)!

# Die Demonstrativpronomen *questo* und *quello*

| Singular | | | Plural | |
|---|---|---|---|---|
| **männlich** | **weiblich** | **Sachverhalt** | **männlich** | **weiblich** |
| questo | questa | questo/ciò | questi | queste |
| quello | quella | quello/ciò | quelli | quelle |

- Bei Gegenüberstellungen wird zuerst **questo**, dann **quello** verwendet:
  **Questo (film) è divertente,** *Dieser Film ist lustig, aber der*
  **ma quello è più impegnato.** *andere ist anspruchsvoller.*

- **Quello** wird auch verwendet, um ein zuvor genanntes Substantiv
  zu ersetzen:
  **I miei amici e quelli di mio** *Meine Freunde und die meines*
  **fratello vanno d'accordo.** *Bruders verstehen sich gut.*

- **Questo** und **quello** werden auch benutzt, um Sachverhalte zu
  bezeichnen:
  **Non ho detto questo.** *Das habe ich nicht gesagt.*
  **Pensi solo a quello.** *Du denkst nur an das eine.*

# Weitere Demonstrativa – *Costui, colui, stesso*

**Costui/colui:** Sie werden seltener gebraucht als **questo/quello** und
bezeichnen nur Personen. Sie werden nur in der Schriftsprache benutzt
(im gesprochenen Italienischen ironisch):

| | **männlich** | **weiblich** | **Plural** |
|---|---|---|---|
| costui (= questo) | costui | costei | costoro |
| colui (= quello) | colui | colei | coloro |

Beachten Sie: es handelt sich nur um Pronomen, sie können nicht als
Adjektive benutzt werden.

**Stesso** kann als Adjektiv gebraucht werden:
**Stesso** vor dem Substantiv = *das gleiche ..., dasselbe ...*
**Abbiamo le stesse scarpe.** *Wir haben die gleichen Schuhe.*

**Stesso** nach dem Substantiv = *selbst/sogar*
**Il papa stesso lo afferma.** *Selbst der Papst behauptet das.*

**Stesso** kann auch als Pronomen benutzt werden:
**Facciamo lo** *stesso*.　　　　　*Machen wir das Gleiche.*

Aber **lo stesso** kann auch Adverb sein = *trotzdem*
**Facciamolo** *lo stesso*!　　　　*Machen wir es trotzdem!*

# Die Possessiva

Wie bei den Demonstrativa unterscheidet man bei den Possessiva
je nach Funktion zwischen Adjektiv und Pronomen. Das Adjektiv steht
als Begleiter des Substantivs, das Pronomen als Stellvertreter für ein
Substantiv.

## Die Possessivadjektive

| Singular | | weiblich | Plural männlich | weiblich |
|---|---|---|---|---|
| **männlich** | | **weiblich** | **männlich** | **weiblich** |
| il mio gatto | *mein* | la mia borsa | i miei gatti | le mie borse |
| il tuo | *dein* | la tua | i tuoi | le tue |
| il suo/Suo | *sein, ihr/Ihr* | la sua/Sua | i suoi/Suoi | le sue/Sue |
| il nostro | *unser* | la nostra | i nostri | le nostre |
| il vostro | *euer* | la vostra | i vostri | le vostre |
| il loro | *ihr* | la loro | i loro | le loro |

 Achtung: Anders als im Deutschen wird in der 3. Person Singular
**nicht** zwischen männlichem und weiblichem Besitzer unterschieden!
**la sua macchina**　　　　　*sein Auto/ihr Auto*

Bei dem Satz **Giorgio porta Francesca a scuola con la sua macchina.**
kann es deshalb zu Missverständnissen kommen: *Giorgio bringt Francesca
mit seinem/ihrem Auto in die Schule.*

Stattdessen kann man sagen:
**Giorgio porta Francesca a scuola con la macchina di lei.**
*(wenn er ihr Auto benutzt)*

oder
**Giorgio porta Francesca a scuola con la macchina di lui.** bzw.
**Giorgio porta Francesca a scuola con la propria macchina.**
*(wenn er sein eigenes Auto benutzt).*

In der höflichen Anrede verwendet man die Formen von **Suo** im Singular und meist die von **vostro** im Plural (**loro** ist sehr formell):

Sing.: **Mi faccia vedere** il Suo **passaporto!** *Zeigen Sie mir Ihren Pass!*
Pl.: **Ecco** le vostre/Loro **chiavi!** *Hier sind Ihre Schlüssel!*

Italienische Possessivadjektive werden generell durch den bestimmten Artikel begleitet.

Der Artikel entfällt allerdings:
• bei der Anrede, z. B.: mio **caro!**
• bei Verwandtschaftsbezeichnungen im Singular, z. B.: mia **madre,** mio **padre.**

Aber der Artikel steht trotzdem immer:
• bei **loro:** il loro **figlio**
• bei Verwandtschaftsbezeichnungen im Plural: i miei **figli,** le mie **sorelle**
• bei einigen Kosenamen wie: la mia **mamma,** il mio **zietto**
• bei Bezeichnungen mit einer Beifügung: il mio **fratello minore**

 Im Italienischen wird das Possessivadjektiv vor Körperteilen und allgemein vor Substantiven weggelassen, wenn deren Zugehörigkeit eindeutig ist:

**Ha perso** il padre **in un incidente.** *Sie hat ihren Vater bei einem Unfall verloren.*

## Weitere Possessiva

**Proprio** *(eigen)* kann:

1. ein Possessivadjektiv in der 3. Person ersetzen, um Missverständnisse aus dem Weg zu räumen:
   **Carlo accompagnò la sua vicina nella** propria **casa.** *Carlo begleitete seine Nachbarin in sein (eigenes) Haus.*

2. anstelle von **suo** stehen, wenn das Subjekt eines Satzes unbestimmt ist:
   **Ci si lamenta sempre dei** propri **figli.** *Man beschwert sich oft über die eigenen Kinder.*

**Altrui** bedeutet: *der/die/das anderen Gehörende.* Es wird im gehobenen Sprachgebrauch benutzt:
**Rispetta le opinioni** altrui. *Respektiere die Meinungen anderer.*

# Die Possessivpronomen

In der Form unterscheiden sie sich nicht von den Adjektiven. Aber sie behalten den bestimmten Artikel auch in den Fällen, in denen er bei den Possessivadjektiven verschwindet, wie z.B. bei Verwandtschaftsbezeichnungen:

Adjektiv:    **È questo tuo fratello?**    *Ist das dein Bruder?*
Pronomen:    **No, il mio è quello là.**    *Nein, mein Bruder ist der da.*

Wie Sie an diesem Beispiel sehen können, wird das Possessivpronomen hier benutzt, um die Wiederholung des Substantivs zu vermeiden.

 Merken Sie sich noch folgende Wendungen:

**i miei/i tuoi/i suoi**    *Meine Eltern, Verwandten usw.*
(= **genitori, parenti**)

**Ne ha fatta una delle sue**    *Das ist wieder typisch für ihn/sie.*
(= **marachelle**).

**Rispondo alla Sua**    *Ich antworte auf Ihr Schreiben*
(= **lettera**) **del 4 giugno.**    *vom 4. Juni.*

**Dice sempre la sua**    *Er sagt immer, was er denkt.*
(= **opinione**).

**Alla nostra** (= **salute**)!    *Auf unsere Gesundheit!*

**A ciascuno il suo.** *Jedem das Seine.*

    Die Possessivpronomen

# Die Relativpronomen

## Die Relativpronomen *che, cui* und *quale*

### Das Relativpronomen *che*

**Che** wird nicht verändert, d. h. es heißt sowohl in der männlichen als auch in der weiblichen Form im Singular wie im Plural immer gleich.

- **Che** kann als Subjekt und direktes Objekt benutzt werden:

  | | |
  |---|---|
  | **Il bambino che sorride è mio figlio.** | *Der Junge, der lächelt, ist mein Sohn.* |
  | **L'uomo che vedi è mio fratello.** | *Der Mann, den du da siehst, ist mein Bruder.* |

- **Che** kann auch auf Pronomen folgen, und zwar in den Verbindungen **quello che** *(derjenige, der; das, was)* oder **ciò che** *(das, was)*:

  | | |
  |---|---|
  | **Non capisco quello/quel che dici.** | *Ich verstehe nicht, was du sagst.* |
  | **Quelli che dicono così sbagliano.** | *Wer so redet, liegt falsch.* |
  | **Fa' ciò che vuoi.** | *Mach, was du willst!* |

**Ciò che** ist gehobener als **quello che.**

### Das Relativpronomen *cui*

- **Cui** wird nach Präpositionen statt **che** verwendet:

  | | |
  |---|---|
  | **La fabbrica per cui lavoro chiude in agosto.** | *Die Fabrik, für die ich arbeite, schließt im August.* |

- Auch das indirekte Objekt wird mit der Präposition **a + cui** gebildet. **A** kann vor **cui** entfallen (gehoben!):

  | | |
  |---|---|
  | **L'avvocato (a) cui mi sono rivolto è molto competente.** | *Der Rechtsanwalt, an den ich mich gewandt habe, ist sehr kompetent.* |

> **Cui** wird manchmal mit dem Ortsadverb **qui** verwechselt. Achten Sie deshalb auf die Betonung:
> c<u>u</u>i = Relativpronomen – q<u>u</u>i = Ortsadverb *(hier)*

### Das Relativpronomen *quale*

| Singular | | Plural | |
|---|---|---|---|
| **männlich** | **weiblich** | **männlich** | **weiblich** |
| il quale | la quale | i quali | le quali |

**Il quale/la quale/i quali/le quali** haben die gleiche Funktion wie
**che/cui,** mit einigen Unterschieden:

- Sie kommen vor allem als Subjekt bzw. nach Präpositionen vor,
  sehr selten als direktes Objekt (literarisch!).
- Sie unterscheiden zwischen männlich/weiblich und Singular/Plural.
- Sie werden nur in formeller/schriftlicher Sprache gebraucht.

**È un ideale per il quale darei**   *Es ist ein Ideal, für das ich mein*
**la vita.**   *Leben geben würde.*
**Fondamenti sui quali costruirsi**   *Grundlagen, auf denen man sich*
**un'esistenza.**   *eine Existenz aufbauen kann.*

## Weitere Relativpronomen

- **il/la cui, i/le cui** dienen zur Wiedergabe des deutschen *dessen/*
  *deren:*
  **Ho visto una mostra sui**   *Ich habe eine Ausstellung über*
  **Fenici, le cui navi solcavano**   *die Phönizier besucht, deren Schiffe*
  **il mediterraneo.**   *das Mittelmeer befuhren.*

  **Galileo, la cui genialità**   *Galileo, dessen Genialität ich sehr*
  **ammiro molto, ha insegnato**   *bewundere, hat in Padua gelehrt.*
  **a Padova.**

  In der gesprochenen Sprache tendiert man dazu, den Gebrauch
  dieser Pronomen zu vermeiden; Sie dürfen sie also ohne schlechtes
  Gewissen weglassen. Vergessen Sie nicht: der Artikel richtet sich
  dabei nach dem darauf folgenden Substantiv!

- **Chi** wird ohne Bezugswörter benutzt (als einziges unter den Rela-
  tiva!), um verallgemeinernd über Personen zu reden (häufig in
  Sprichwörtern!):
  **Non uscire con chi non**   *Gehe nicht mit jemandem aus,*
  **conosci.**   *den du nicht kennst.*
  **Chi non risica non rosica.**   *Wer wagt, gewinnt.*

- **Il che/la qual cosa** können Sie benutzen, um sich auf einen ganzen Satz zu beziehen:

**Alcuni russano dormendo, il che mi dà piuttosto fastidio.**   *Manche schnarchen im Schlaf, was mich ziemlich stört.*

**Chi cerca trova.** *Wer sucht, der findet.*

# Die Interrogativpronomen

### Das Fragewort *che – welches*

**Che** wird nicht verändert, egal ob es männlich oder weiblich ist und ob es im Singular oder Plural steht. Es kann nur als Adjektiv benutzt werden. Beispiele:

**Che libri preferisci?**   *Welche/Was für Bücher bevorzugst du?*
**Per che squadra tifi?**   *Für welche Mannschaft bist du?*

### Das Fragewort *quale – welcher*

| Singular | Plural |
|---|---|
| **männlich u. weiblich** | **männlich u. weiblich** |
| quale | quali |

**Quale** kann sowohl als Adjektiv als auch als Pronomen verwendet werden.

- **Quale** als Adjektiv:

| | |
|---|---|
| **Da** quale **città proviene** | *Aus welcher Stadt stammt* |
| **il panettone?** | *der Panettone?* |

  **Quale** als Adjektiv wird in der gesprochenen Sprache meist durch **che** ersetzt.

- **Quale** als Pronomen:

| | |
|---|---|
| **Sono belli tutti e tre;** | *Es sind alle drei schön;* |
| quale **scegli?** | *welchen nimmst du?* |

- Beachten Sie bitte auch die folgende Verwendung von **quale** (= **in qualità di**):

| | |
|---|---|
| Quale **esperto di informatica** | *Als Informatikexperte* |
| **non apprezzo questo** | *halte ich nichts von diesem* |
| **programma.** | *Programm.* |

## Das Fragewort *quanto – wie viel/wie viele*

- **Quanto** ist Adjektiv und Pronomen:

| | |
|---|---|
| Quanto **prosciutto desidera?** | *Wie viel Schinken möchten Sie?* |
| Quanto **ne vuoi?** | *Wie viel möchtest du davon?* |

| Singular | | Plural | |
|---|---|---|---|
| **männlich** | **weiblich** | **männlich** | **weiblich** |
| quanto | quanta | quanti | quante |

## Das Fragewort *chi – wer/wen*

**Chi** kann nur als Pronomen benutzt werden. Beispiele:

| | |
|---|---|
| Chi **è stato?** | *Wer war das?* |
| **Con** chi **uscite?** | *Mit wem geht ihr aus?* |

Beachten Sie:

| | |
|---|---|
| Di chi è **questa giacca?** | *Wem gehört diese Jacke?* |

## Das Fragewort *che cosa/che/cosa – was*

Dieses Fragewort wird ebenfalls nur als Pronomen benutzt.
**Cosa** ist übrigens umgangssprachlich und wird vor allem in Norditalien benutzt.

**Che cosa/Che/Cosa vuoi?**      *Was willst du?*

## Die Fragewörter *come, dove, quando* und *perché*

* **come** = *wie*:
  **Come stai?**      *Wie geht es dir?*

Das deutsche *wie* + Adjektiv kann nicht durch **come** wiedergegeben werden. Deshalb müssen Sie sich die folgenden Wendungen merken:

| | |
|---|---|
| **Quanti anni hai?** | *Wie alt bist du?* |
| **Quanto (tempo) hai aspettato?** | *Wie lange hast du gewartet?* |
| **Da quanto (tempo) abiti a Milano?** | *Wie lange wohnst du in Mailand?* |
| **Che ore sono/che ora è?** | *Wie spät ist es?* |
| **Quanto sei alto?** | *Wie groß bist du?* |
| **Quanto è lungo questo tavolo?** | *Wie lang ist dieser Tisch?* |
| **Ogni quanto (tempo) li vai a trovare?** | *Wie oft besuchst du sie?* |

* **dove** = *wo, wohin,* **da dove** = *woher*:
  **Dove abiti?**      *Wo wohnst du?*
  **Dove andate stasera?**      *Wohin geht ihr heute Abend?*
  **Da dove viene?**      *Woher kommen Sie?*

* **quando** = *wann*:
  **Da quando abiti a Parigi?**      *Seit wann wohnst du in Paris?*
  **Quando vai in vacanza?**      *Wann gehst du in Urlaub?*

* **perché** = *warum*:
  **Perché non me l'hai detto?**      *Warum hast du es mir nicht gesagt?*

Anstelle von **perché** wird in der gesprochenen Sprache oft **come mai** verwendet:

**Come mai ti alzi così presto?**      *Wieso stehst du so früh auf?*

Fragewörter werden auch in Ausrufen gebraucht:

**Che simpatico!**      *Wie sympathisch!*
**Quanti capelli ha!**      *Wie viele Haare er/sie hat!*

# Die Indefinita

## Die Formen der indefiniten Pronomen

Hier eine Übersicht der Indefinita (unbestimmten Pronomen und Adjektive): die unterstrichenen Ausdrücke können nur als Adjektive dienen, die fett markierten nur als Pronomen, alle anderen als Adjektive und Pronomen:

| | Singular | | Plural | |
|---|---|---|---|---|
| | **männlich** | **weiblich** | **männlich** | **weiblich** |
| *jede(r)* | ogni | — | | |
| *irgendein(e)/einige* | qualche | — | | |
| *jede(r) beliebige* | qualunque/qualsiasi | — | | |
| *jede(r)* | **ognuno** | **ognuna** | — | |
| *jemand/eine(r)* | **qualcuno** | **qualcuna** | — | |
| *jedermann* | **chiunque** | — | | |
| *etwas* | **qualcosa/qualche cosa** | — | | |
| *nichts* | **niente/nulla** | — | | |
| *jede(r)* | ciascuno | ciascuna | — | |
| *kein(e, er)/niemand* | nessuno | nessuna | — | |
| *ein(e, er)* | uno | una | — | |
| *irgendein/einige* | alcuno | alcuna | alcuni | alcune |
| *gewisse(r)* | certo | certa | certi | certe |
| *wenig(e)* | poco | poca | pochi | poche |
| *ziemlich viel(e)* | parecchio | parecchia | parecchi | parecchie |
| *viel(e)* | molto | molta | molti | molte |
| *(so) viel(e)* | tanto | tanta | tanti | tante |
| *zu viel/zu viele* | troppo | troppa | troppi | troppe |
| *ebenso viel(e)* | altrettanto | altrettanta | altrettanti | altrettante |
| *so viel(e) ... wie* | quanto | quanta | quanti | quante |
| *ganz(e)/alle* | tutto | tutta | tutti | tutte |
| *andere(r)* | altro | altra | altri | altre |
| *mehrere* | diverso | diversa | diversi | diverse |
| *verschiedene* | vario | varia | vari | varie |
| *solche(r)* | tale | | tali | |

*Möchten Sie etwas zu trinken?*

## Der Gebrauch der indefiniten Pronomen

Hier einige Beispiele der italienischen Indefinitpronomen:

- **ogni**       ogni **giorno**       *jeden Tag*
                 ogni **due ore**      *alle zwei Stunden*
                 ogni **tanto**        *ab und zu*

- **qualche**    qualche **amico**     *einige Freunde*

> **!** Achtung: **Qualche** wird immer im Singular verwendet, hat aber
> meist eine plurale Bedeutung (ähnlich wie **alcuni**). Darüber
> hinaus kann **qualche** auch *irgendein* bedeuten:
> **da qualche parte** – *irgendwo*

- **qualunque/qualsiasi**
  **Accetto** qualunque **proposta.** *Ich akzeptiere jeglichen Vorschlag.*
  Qualsiasi **cosa dica,**           *Bei allem, was er/sie sagt, wird*
     **rivela la sua stupidità.**    *seine/ihre Dummheit offenbar.*

- **ognuno**
  Ognuno **la pensa come vuole.** *Jeder denkt, was er will.*

- **qualcuno**
  Qualcuno **di voi parla inglese?** *Spricht jemand von euch Englisch?*

- **chiunque**
  **Chiunque al posto tuo**    *Jeder hätte an deiner Stelle*
  **avrebbe agito così.**    *so gehandelt.*

- **qualcosa/qualche cosa**
  **Preferisco fare qualcosa**    *Ich mache lieber etwas anstatt*
  **che starmene in panciolle.**    *auf der faulen Haut zu liegen.*

  **qualcosa di bello, di interessante** = *etwas Schönes, Interessantes*
  **qualcosa da mangiare, da bere** = *etwas zu trinken/zu essen*

- **niente/nulla**
  Zur Verneinung ▶ Kapitel 9
  **Non prendo niente, grazie.**    *Danke, ich nehme nichts.*

  Beachten Sie:
  **niente di importante** = *nichts Wichtiges*
  **niente da fare** = *nichts zu tun*

> **!**
> **Hai sentito niente?**    *Hast du etwas gehört?* aber:
> **Non hai sentito niente?**    *Hast du nichts gehört?*

- **ciascuno** ist bedeutungsgleich mit **ognuno.**

- **nessuno** als Adjektiv verhält sich wie **uno:**
  Adjektiv:    **nessun dolore**    *kein Schmerz*
  Pronomen:    **Nessuno è perfetto.**    *Niemand ist perfekt.*

  Zur Verneinung ▶ Kapitel 9

- **uno** als Adjektiv verhält sich wie der unbestimmte Artikel **un**
  (▶ Kapitel 5 Der unbestimmte Artikel und der Teilungsartikel):
  Adjektiv:    **un (bel) giorno**    *eines (schönen) Tages*
  Pronomen:    **C'è uno che ti vuole.**    *Da ist einer, der dich*
       *sprechen will.*

- **alcuno** als Adjektiv verhält sich wie **uno.**
  Im Singular wird **alcuno** meist mit **non** oder **senza** verwendet:
  Adjektiv:    **alcuni quadri**    *einige Bilder*
       **senza alcuna difficoltà**    *ohne jegliche Schwierigkeit*
  Pronomen:    **alcuni di noi**    *einige von uns*

- **certo**
  Adjektiv:    **Certe idee non le**    *Gewisse Meinungen kann ich*
       **sopporto.**    *nicht ausstehen.*
  Pronomen:    **Certi credono di**    *Manche meinen, unwiderstehlich*
       **essere irresistibili.**    *zu sein.*

**Certo** ist auch ein Adverb (= **certamente**):

| | |
|---|---|
| **Hai intenzione di studiare italiano? – Certo!** | *Hast du vor, Italienisch zu lernen? – Sicher!* |

- **poco**

| | | |
|---|---|---|
| Adjektiv: | **Ho poche amiche.** | *Ich habe wenige Freundinnen.* |
| Pronomen: | **Pochi sanno la verità.** | *Wenige kennen die Wahrheit.* |

**Poco** wird oft zu **un po'** verkürzt:

| | |
|---|---|
| **Sono un po' triste.** | *Ich bin ein wenig traurig.* |

**Poco** ist auch ein Adverb:

| | |
|---|---|
| **una commessa poco gentile** | *eine ziemlich unfreundliche Verkäuferin* |

- **parecchio** ist ungefähr bedeutungsgleich mit **molto**.

- **molto**

| | | |
|---|---|---|
| Adjektiv: | **con molta pazienza** | *mit viel Geduld* |
| Pronomen: | **È amata da molti.** | *Sie wird von vielen geliebt.* |

Merke: *so viel* = **così tanto**

| | |
|---|---|
| **Hai guadagnato così tanto?** | *Hast du so viel verdient?* |

- **tanto** ist bedeutungsgleich mit **molto**.

- **troppo**

| | | |
|---|---|---|
| Adjektiv: | **Ho mangiato troppi dolci.** | *Ich habe zu viele Süßigkeiten gegessen.* |
| Pronomen: | **Troppi lo fanno.** | *Zu viele tun das.* |

**Troppo** ist auch ein Adverb:

| | |
|---|---|
| **Siamo troppo vecchi.** | *Wir sind zu alt.* |

- **altrettanto**

| | | |
|---|---|---|
| Adjektiv: | **due amiche e altrettanti amici** | *zwei Freundinnen und ebenso viele Freunde* |
| Pronomen: | **Ho scritto tre pagine e devo redigerne altrettante.** | *Ich habe drei Seiten geschrieben und muss noch einmal so viele abfassen.* |
| | **Grazie, altrettanto!** | *Danke gleichfalls!* |

- **quanto**

| | | |
|---|---|---|
| Adjektiv: | **Puoi leggere quanti libri vuoi.** | *Du kannst so viele Bücher lesen, wie du möchtest.* |
| Pronomen: | **Ho tanti problemi quanti ne hai tu.** | *Ich habe so viele Probleme wie du.* |

- **tutto**

  Als Adjektiv:

  1. **tutto** + bestimmter Artikel/Demonstrativadjektiv/Possessiv-
     adjektiv + Substantiv im **Singular** = *ganz:* **tutta la sera**
     *(den ganzen Abend)*
  2. **tutto** + bestimmter Artikel/Demonstrativadjektiv/Possessiv-
     adjektiv + Substantiv im **Plural** = *alle:* **tutti gli abitanti**
     *(alle Einwohner)*

  Als Pronomen:

  **Ho capito tutto.** *Ich habe alles verstanden.*

  Als Adverb:

  **Tutto** richtet sich in Geschlecht und Zahl nach dem Beziehungs-
  wort:

  **Lucia è tutta contenta.** *Lucia ist ganz glücklich.*

  Wiedergabe von *alle beide/alle drei* usw.:

  **tutti e due** oder **tutte e due**; dasselbe gilt für drei, vier und so
  weiter. Achtung: Vergessen Sie das **e** nicht!

- **altro**

  | | | |
  |---|---|---|
  | Adjektiv: | **le altre ragazze** | *die anderen Mädchen* |
  | Pronomen: | **Ne vuoi un altro?** | *Willst du noch einen?* |

- **diverso**

  | | | |
  |---|---|---|
  | Adjektiv: | **Al mio compleanno c'erano diverse persone.** | *An meinem Geburtstag waren mehrere Leute da.* |
  | Pronomen: | **Eravamo in diversi.** | *Wir waren mehrere.* |

- **vario**

  | | | |
  |---|---|---|
  | Adjektiv: | **Frequento vari corsi.** | *Ich besuche mehrere Kurse.* |
  | Pronomen: | **Ne frequento vari.** | *Ich besuche mehrere.* |

- **tale**

  | | | |
  |---|---|---|
  | Adjektiv: | **Tale comportamento è inaccettabile.** | *Ein solches Verhalten ist inakzeptabel.* |
  | Pronomen: | **C'è un tale di là.** | *Da drüben sitzt ein Herr Soundso.* |

## Leicht gemerkt!

Die Reflexivpronomen (**mi**, **ti**, **si**, **ci**, **vi**, **si**) stehen vor dem Verb, bei bejahtem Imperativ (**Alzati**! *Steh auf!*) nach dem Verb.

Die Demonstrativa **questo** und **quello** vor Substantiven verhalten sich genauso wie die Adjektive mit vier Endungen. Sie richten sich in Geschlecht und Zahl nach dem Substantiv, auf das sie sich beziehen.
**questo ... – questa ... – questi ... – queste ...**
**quel(lo) ... – quella ... – quei(quegli) ... – quelle ...**

Die Possessivbegleiter stehen bis auf einige Sonderfälle immer
**mit Artikel**:
**il mio** gatto – **i miei** gatti
**la mia** borsa – **le mie** borse

Die Verwendung von **che** ist wirklich sehr einfach, da es sich nicht verändert. Sie können es fast immer als Relativpronomen benutzen. Nach Präpositionen muss aber **cui** stehen!

Interrogativpronomen führen Ergänzungsfragen ein. Diese haben folgende Satzstellung:
Interrogativpronomen + Verb (+ Subjekt)
**Chi parla?**            *Wer spricht?*
**Quando viene Francesca?**     *Wann kommt Francesca?*

Entscheidungsfragen (Fragen, die mit **sì** oder **no** beantwortet werden) haben die gleiche Satzstellung wie Aussagesätze:
Subjekt + Verb (+ Objekt)
**Paolo arriva.**          *Paolo kommt an.*
**Paolo arriva?**          *Kommt Paolo an?*

Man erkennt die Frage an der am Ende sich hebenden Satzmelodie.

Bei den Indefinita unterscheidet man drei Gruppen:

* nur adjektivischer Gebrauch, z.B. **ogni** volta
* nur pronominaler Gebrauch, z.B. Prendi **qualcosa**?
* adjektivisch und pronominaler Gebrauch, z.B. Ho mangiato **troppi** dolci. **Troppi** lo fanno.

# 9 | Die Verneinung

## Einfache Verneinung: *non – no*

Die Verneinung *nicht* wird durch **non** ausgedrückt. **Non** steht immer vor dem konjugierten Verb; wenn an dieser Stelle bereits ein Pronomen steht, wird **non** unmittelbar vor das Pronomen gesetzt.

| | |
|---|---|
| **Non sei andato al cinema?** | *Bist du nicht ins Kino gegangen?* |
| **Non mi piace.** | *Es gefällt mir nicht.* |

**Non** entspricht auch meist dem deutschen *kein,* wenn es nicht direkt beim Subjekt steht:

| | |
|---|---|
| **Non ho paura.** | *Ich habe keine Angst.* |
| **Non sono un'esperta.** | *Ich bin keine Expertin.* |

Wenn aber *kein* direkt mit dem Subjekt verbunden ist, wird es durch **nessuno** ausgedrückt; wenn *kein* vor einem Substantiv in einem Satz ohne Verb auftritt, wird es durch **niente** ausgedrückt:

| | |
|---|---|
| **Nessun italiano berrebbe il cappuccino dopo mangiato.** | *Kein Italiener würde nach dem Essen einen Cappuccino trinken.* |
| **Niente paura!** | *Keine Angst!* |

Die Verneinung mit **no** steht in Satzteilen ohne Verb:

| | |
|---|---|
| **Siete d'accordo? –** | *Seid ihr einverstanden? –* |
| **No(, non siamo d'accordo).** | *Nein(, wir sind nicht einverstanden).* |
| **Hai fatto i compiti? –** | *Hast du die Hausaufgaben gemacht? –* |
| **Io no, e tu?** | *Ich nicht, und du?* |
| **Perché no?** | *Warum nicht?* |
| **Lo vuoi o no?** | *Willst du es oder nicht?* |

Nach Verben des Denkens und des Sagens wie **pensare, credere, dire, sperare, temere** folgt **di no:**

| | |
|---|---|
| **È straniera? –** | *Ist sie Ausländerin? –* |
| **Credo di no.** | *Ich glaube nicht.* |

*Ich nehme nichts, danke.*

## Mehrteilige Verneinung

Stehen folgende Ausdrücke nach dem Verb, so muss vor dem konjugierten Verb **non** stehen:

| | | |
|---|---|---|
| **niente/nulla** (nichts) | **Non** mangiamo **niente.** | *Wir essen nichts.* |
| | **Non** abbiamo mangiato **niente.** | *Wir haben nichts gegessen.* |
| **nessuno** *(niemand)* | **Non** viene **nessuno.** | *Es kommt niemand.* |
| | **Non** è venuto **nessuno.** | *Es ist niemand gekommen.* |
| **mai** *(niemals/jemals)* | **Non** salutano **mai.** | *Sie grüßen nie.* |
| | **Non** hanno **mai** salutato. | *Sie haben nie gegrüßt.* |
| **più** *(nicht mehr)* | **Non** nevica **più.** | *Es schneit nicht mehr.* |
| | **Non** ha **più** nevicato. | *Es hat nicht mehr geschneit.* |
| **ancora** *(noch nicht, immer noch nicht)* | **Non** parla **ancora.** | *Er/Sie redet noch nicht.* |
| **nemmeno, neanche, neppure** *(auch nicht, nicht einmal)* | **Non** l'ho vista **nemmeno** io. | *Ich habe sie auch nicht gesehen.* |
| **mica** *(keineswegs, gar nicht, überhaupt nicht)* [umgangssprachlich!] | **Non** è **mica** facile. | *Es ist gar nicht so einfach.* |
| **affatto** *(ganz und gar nicht, überhaupt nicht)* | **Non** sono **affatto** stanco. | *Ich bin ganz und gar nicht müde.* |
| **(né)... né** *(weder noch)* | **Non** beve **né** vino **né** birra. | *Er/Sie trinkt weder Wein noch Bier.* |

Stehen **niente/nulla, nessuno, mai, nemmeno/neppure/neanche, mica, né ... né** betont am Satzanfang, entfällt **non:**

**A quest'ora** non **viene** nessuno. *Um diese Zeit kommt niemand.*
Nessuno **viene a quest'ora.** *Niemand kommt um diese Zeit.*

 Im Gegensatz zum Deutschen:

- *Nie etwas* = **mai niente** (eigentlich = *nie nichts*):
  Non ha mai **comprato** *Er/Sie hat nie etwas gekauft.*
  niente.

- *Niemandem etwas* = **niente a nessuno** (eigentlich = *niemandem nichts*):
  Non **regala** niente **a** *Er/Sie schenkt niemandem etwas.*
  nessuno.

 Beachten Sie folgende Wendung:

**Non** + Verb + **che** = zur Einschränkung gebraucht in der Bedeutung *nur!*
Non **ho** che **te.** = **Ho solo te.** *Ich habe nur dich.*

Wenn man am Ende seiner Aussage ein **no?** oder **o no?** anhängt, dann verlangt man in der Regel eine Bestätigung, und zwar eine positive (*oder?, oder nicht?, nicht wahr?*).
**Hai visto il film, no?** *Du hast den Film gesehen, nicht wahr?*
**Si chiama Carla o no?** *Sie heißt Carla, oder nicht?*

Was essen Sie am liebsten? Und was gar nicht gerne? Bilden Sie Sätze (mündlich und schriftlich) wie z. B. **Mi piace molto la pasta.** und benutzen Sie dazu auch die verschiedenen Formen der mehrteiligen Verneinung, z. B. **Non mi piace affatto la birra**, **Non mangio mai ...**

 Sie kennen sicher das Spielchen mit den Blütenblättern, durch das man erfährt, ob einen der oder die Angehimmelte liebt oder nicht. Probieren Sie's doch mal auf Italienisch: **Mi ama**, **non mi ama**, **mi ama**, **non mi ama**, **mi ama**, ...

# 10 | Die Präpositionen

Der Gebrauch der italienischen Präpositionen ist nicht immer ganz einfach. Manche Präpositionen haben mehrere verschiedene Bedeutungen, die sich zum Teil auch überschneiden können. Wie Sie die Präpositionen anwenden, lernen Sie deshalb am besten durch den aktiven Umgang mit der Sprache. Im Folgenden werden die wichtigsten Präpositionen und ihre unterschiedlichen Bedeutungen vorgestellt.

Die Präposition **a**:
- Räumlich: **a Milano** – *in/nach Mailand;* **a casa** – *zu/nach Hause;* **al mare** – *am/ans Meer;* **alla Klett** – *bei Klett*
- Zeitlich: **alle due** – *um zwei Uhr;* **A presto/domani!** – *Bis bald/ morgen!;* **a Natale** – *an Weihnachten*
- Sonstiges: **a mio marito** – *meinem Mann;* **a fette** – *in Scheiben;* **a tre anni** – *mit drei Jahren;* **due volte al mese** – *zweimal im Monat*

Die Präposition **di**:
- Räumlich: **Sono di Roma.** – *Ich bin aus Rom.*
- Zeitlich: **di mattina** – *morgens;* **di giovedì** – *donnerstags;* **d'inverno** – *im Winter*
- Sonstiges: **la moto di Pino** – *Pinos Motorrad;* **Muoio di sete.** – *Ich sterbe vor Durst.;* **un piatto di vetro** – *ein Teller aus Glas;* **piangere di dolore** – *vor Schmerz weinen;*
  **un chilo di pane** – *ein Kilo Brot;* **più bello di lui** – *schöner als er;* **una donna di talento** – *eine talentierte Frau;* **un bimbo di tre mesi** – *ein drei Monate altes Kind*

Die Präposition **da**:
- Räumlich: **Vengo da casa.** – *Ich komme von zu Hause.;* **Va' da lei!** – *Geh zu ihr!*
- Zeitlich: **da oggi** – *ab heute;* **da ieri** – *seit gestern*
- Sonstiges: **Cesare fu ucciso da Bruto.** – *Caesar wurde von Brutus getötet.;* **un ragazzo dai capelli biondi** – *ein Junge mit blonden Haaren;* **Ho molto da studiare.** – *Ich habe viel zu lernen.*

**Sono di Roma.** und **Vengo da Roma.** sind bedeutungsgleich: *Ich komme/bin aus Rom.* Achten Sie aber auf die unterschiedlichen Präpositionen!

---

Die Präposition **su**:
- Räumlich: **Il libro è sul tavolo.** – *Das Buch ist auf dem Tisch.*; **Siamo saliti sulla cupola.** – *Wir sind auf die Kuppel gestiegen.*
- Zeitlich: **la notte sulla domenica** – *die Nacht auf Sonntag*
- Sonstiges: **un libro su Galileo** – *ein Buch über Galileo*; **sui quaranta grammi** – *um die vierzig Gramm*

Die Präposition **per**:
- Räumlich: **Alle tre parto per Bonn.** – *Um drei fahre ich nach Bonn ab.*; **cadere per le scale** – *die Treppe hinunterfallen*; **viaggiare per l'Europa** – *durch Europa reisen*
- Zeitlich: **per un'ora** – *eine Stunde lang*
- Sonstiges: **per amore** – *aus Liebe*; **per posta** – *mit der Post*; **per affari** – *geschäftlich*

Die Präposition **in**:
- Räumlich: **Sono/vado in Italia.** – *Ich bin in/Ich fahre nach Italien.*
- Zeitlich: **in giugno** – *im Juni*; **Ho mangiato in mezz'ora.** – *Ich habe in einer halben Stunde gegessen.*
- Sonstiges: **andare in macchina** – *mit dem Auto fahren*; **un gioiello in oro** – *ein Goldschmuck*

Die Präposition **con**:
- in Begleitung: **Venite con noi.** – *Kommt mit uns.*; **Mi piace il riso col (= con il) burro.** – *Ich mag Reis mit Butter.*
- Qualitativ: **Quel signore con i baffi è mio padre.** – *Der Mann mit dem Schnurrbart ist mein Vater.*
- Kausal: **Con questo freddo non usciamo.** – *Bei dieser Kälte gehen wir nicht raus.*

Die Präposition **tra/fra**:
- Räumlich: **Parma è tra Milano e Bologna.** – *Parma liegt zwischen Mailand und Bologna.*
- Zeitlich: **Torna fra una settimana.** – *Er/Sie kommt in(nerhalb) einer Woche zurück.*
- Sonstiges: **detto tra noi** – *unter uns gesagt*

In der folgenden Tabelle finden Sie eine Übersicht über einige weitere Präpositionen und sogenannte präpositionale Ausdrücke. Präpositionale Ausdrücke bestehen aus mehreren Wörtern und enden mit einer Präposition. Wo im Deutschen eine Präposition steht, wird im Italienischen oft ein präpositionaler Ausdruck verwendet (z. B. *wegen* – **a causa di**).

su

davanti

dentro

accanto

sotto

dietro

fra/tra

vicino

| | | |
|---|---|---|
| **a causa di** <br> *(wegen)* | a causa del tempo <br> a causa tua | *wegen des Wetters* <br> *wegen dir* |
| **accanto a** <br> *(neben)* | accanto alla posta <br> accanto alle richieste | *neben der Post* <br> *neben den Ansprüchen* |
| **a destra/sinistra di** <br> *(rechts/links von)* | a destra della casa <br> a sinistra dei socialisti | *rechts vom Haus* <br> *links von den Sozialis-* <br> *ten* |
| **a favore di** <br> *(zugunsten von)* | a favore delle donne | *zugunsten der Frauen* |
| **a fianco di** <br> *(neben, nahe)* | a fianco di Luigi <br> a fianco dei bisognosi | *neben Luigi* <br> *den Bedürftigen nahe* |
| **a forza di** <br> *(durch)* | a forza di preghiere <br> A forza di parlare si <br> diventa rochi. | *durch Gebete* <br> *Durch Reden wird man* <br> *heiser.* |
| **al di qua di/al di là di** <br> *(diesseits/jenseits)* | al di qua del Reno <br> al di là delle nostre <br> possibilità | *diesseits des Rheins* <br> *jenseits unserer Möglich-* <br> *keiten* |
| **al di sopra/sotto di** <br> *(oberhalb/unterhalb von)* | al di sopra del paese <br> al di sotto del paese | *oberhalb des Dorfes* <br> *unterhalb des Dorfes* |
| **all'esterno/interno di** <br> *(außerhalb/innerhalb* <br> *von)* | all'esterno dell'edificio <br> all'interno della <br> maggioranza | *außerhalb des Gebäudes* <br> *innerhalb der Mehrheit* |
| **al posto di** <br> *(anstelle von)* | al posto delle parole i <br> fatti | *Taten statt Worte* |

| | | |
|---|---|---|
| **a partire da**<br>*(ab)* | a partire da aprile | *ab April* |
| **a scapito di**<br>*(zu Lasten von)* | a scapito della salute | *zu Lasten der Gesund-heit* |
| **a seconda di**<br>*((je) nach, gemäß)* | a seconda dell'età | *je nach Alter* |
| **attraverso**<br>*(durch)* | attraverso il parco<br>attraverso i secoli<br>attraverso di me | *durch den Park*<br>*durch die Jahrhunderte*<br>*durch mich* |
| **contro**<br>*(gegen)* | contro il muro<br>contro il fascismo | *gegen die Mauer*<br>*gegen den Faschismus* |
| **davanti a**<br>*(vor)* | davanti alla chiesa<br>davanti a Dio | *vor der Kirche*<br>*vor Gott* |
| **dentro (a)**<br>*(in)* | dentro (al)la scatola | *in der Schachtel* |
| **dietro (a)**<br>*(hinter)* | dietro (al)la casa<br>dietro queste parole | *hinter dem Haus*<br>*hinter diesen Worten* |
| **di fronte a**<br>*(gegenüber/*<br>*angesichts von)* | di fronte al supermercato<br>di fronte a questa realtà | *gegenüber dem Super-markt*<br>*angesichts dieser Wirk-lichkeit* |
| **dopo**<br>*(nach)* | la prima via dopo il bar<br><br>dopo le sette | *die erste Straße nach der Bar*<br>*nach sieben Uhr* |
| **durante**<br>*(während)* | durante la guerra | *während des Krieges* |
| **eccetto**<br>*(außer)* | tutti eccetto me | *alle außer mir* |
| **entro**<br>*(innerhalb von)* | entro una settimana<br>Deve essere pronto entro stasera. | *innerhalb einer Woche*<br>*Bis heute Abend muss es fertig sein.* |
| **escluso**<br>*(außer)* | lui escluso | *außer ihm* |
| **fa**<br>*(vor)* | due anni fa | *vor zwei Jahren* |

| **fino a** (bis) | fino a Milano fino a domani | *bis (nach) Mailand* *bis morgen* |
| **(fin) da** (seit) | (fin) dall'antichità dal 1922 | *seit der Antike* *seit 1922* |
| **fuorché** (außer) | tutti fuorché noi | *alle außer uns* |
| **fuori (di/da)** (außerhalb, heraus) | fuori d'Italia fuori dalla scatola | *außerhalb Italiens* *aus der Schachtel heraus* |
| **grazie a** (dank) | grazie ai tuoi consigli | *dank deiner Ratschläge* |
| **in base a** (aufgrund) | in base alle affermazioni | *aufgrund der Behauptungen* |
| **in fondo a** (am Ende, im Grunde) | in fondo alla strada in fondo al suo cuore | *am Ende der Straße* *im Grunde seines Herzens* |
| **in merito a** (bezüglich/in Bezug auf) | in merito al nostro colloquio | *bezüglich unseres Gesprächs* |
| **in mezzo a** (mitten) | in mezzo al bosco in mezzo agli amici | *mitten im Wald* *mitten unter Freunden* |
| **intorno a** (um ... herum) | intorno al tavolo intorno al '400 | *um den Tisch* *um das fünfzehnte Jahrhundert* |
| **in seguito a** (infolge) | in seguito a un incidente | *infolge eines Unfalls* |
| **invece di** (anstatt) | questo invece di quello | *dieser anstatt jener* |
| **lontano da** ((weit) entfernt von) | lontano da Pisa lontano dalla verità | *weit entfernt von Pisa* *fern der Wahrheit* |
| **lungo** (entlang) | lungo il fiume | *den Fluss entlang* |
| **malgrado** (trotz) | malgrado tutto | *trotz allem* |
| **mediante** (mittels) | mediante il tuo aiuto | *durch deine Hilfe* |

| **meno**<br>*(außer)* | tutti meno uno | *alle außer einem* |
|---|---|---|
| **nonostante**<br>*(trotz)* | nonostante il prezzo | *trotz des Preises* |
| **oltre (a)**<br>*(jenseits, über,*<br>*mehr als, außer)* | oltre il Reno<br>oltre un'ora<br>oltre le quattro<br>oltre a me | *jenseits des Rheins*<br>*über eine Stunde*<br>*nach vier Uhr*<br>*außer mir* |
| **per mezzo di**<br>*(durch, mit Hilfe von)* | per mezzo del lavoro | *durch die Arbeit* |
| **presso**<br>*(nahe, bei)* | presso una famiglia | *bei einer Familie* |
| **prima (di)**<br>*(vor)* | prima della banca<br>prima delle otto | *vor der Bank*<br>*vor acht* |
| **riguardo a/rispetto a**<br>*(hinsichtlich)* | riguardo a quella<br>questione | *hinsichtlich jener Frage* |
| **salvo**<br>*(außer, abgesehen von)* | salvo tre | *außer drei* |
| **senza**<br>*(ohne)* | senza di noi<br>senza paura | *ohne uns*<br>*ohne Angst* |
| **sopra**<br>*(über)* | sopra il tavolo | *über dem Tisch* |
| **sotto**<br>*(unter(halb) von,*<br>*unter)* | sotto il tavolo<br>sotto le vacanze | *unter dem Tisch*<br>*in der Ferienzeit* |
| **tramite**<br>*(durch, mittels)* | tramite un mio<br>conoscente | *durch einen meiner*<br>*Bekannten* |
| **tranne**<br>*(außer)* | tutti tranne loro due | *alle außer den beiden* |
| **verso**<br>*(in Richtung von,*<br>*gegen)* | Andiamo verso Sud.<br><br>verso le sei<br>verso una meta | *Wir fahren Richtung*<br>*Süden.*<br>*gegen sechs Uhr*<br>*auf ein Ziel hin* |
| **vicino a**<br>*(nahe, in der Nähe von)* | vicino al centro<br>molto vicino alle mie<br>idee | *in der Nähe des Zentrums*<br>*meiner Meinung sehr*<br>*nahe* |

## Leicht gemerkt!

Hier die wichtigsten Präpositionen auf einen Blick:

**a**, **di**, **da**, **su**, **per**, **in**, **con**, **tra**

So gelesen können Sie sich die Präpositionen leichter merken, da man ein paar Wörter herauslesen kann. Sie können es gerne auch mal schnell als Zungenbrecher sprechen.

Sie merken sich:      **una tazza di caffè**      *eine Tasse Kaffee*

**una tazza da caffè**      *eine Kaffeetasse*

und zwar folgendermaßen: mit **di** steht der Inhalt der Tasse im Vordergrund, denken Sie also bei **di** (mit „**i**") an das Wort **Inhalt** (ebenfalls mit „**i**"). Ebenso: **un bicchiere di/da vino** etc.

Die *preposizioni articolate*, also die Verschmelzung von Präposition und Artikel, wurde schon in ▶ Kapitel 2 Der Artikel beschrieben. Zur Erinnerung hier noch mal die Möglichkeiten anhand der Präposition **a**:

**al**, **allo**, **all'**, **alla**, **ai**, **agli**, **alle**

Sehen Sie sich doch mal den Gebrauch der Präpositionen im Refrain von "Azzurro" an. Und wenn Sie wollen, dann singen Sie einfach auf Italienisch drauf los!

Azzurro, il pomeriggio è troppo azzurro e lungo **per** me,
mi accorgo **di** non avere più risorse senza **di** te,
e allora io quasi quasi prendo il treno e vengo, vengo **da** te.
Il treno **dei** desideri, **dei** miei pensieri **all'**incontrario va.

*Himmelblau, der Nachmittag ist zu blau und zu lange für mich,*
*ich merke, dass ich keine Kraft mehr habe ohne dich,*
*und nun hätte ich fast den Zug genommen und wäre zu dir gekommen.*
*Der Zug meiner Wünsche und Gedanken fährt aber in die andere Richtung.*

# 11 | Die Konjunktionen

Mit Konjunktionen kann man Sätze und Satzglieder verbinden. Es gibt nebenordnende Konjunktionen, die gleichrangige Sätze und Satzglieder verbinden, und unterordnende Konjunktionen, die Nebensätze einleiten.

## Nebenordnende Konjunktionen

### Aneinanderreihung

| | |
|---|---|
| Paolo e Francesca si amavano. | *und* |
| Tu ed io ci andiamo. | |
| È bravo in tutto, anche in latino. | *auch* |
| Ci sarà il sindaco, nonché l'assessore al turismo. | *sowie/und auch* |
| Non possiamo, né vogliamo andarci. | *und auch nicht* |
| Siamo stanchi, e inoltre non ci interessa. | *und außerdem* |

### Alternative

| | |
|---|---|
| Vuoi un caffè o/oppure un tè? | *oder* |

### Gegensatz

| | |
|---|---|
| Ho letto tutto, ma/però non ho capito niente. | *aber* |
| Non vado al mare ma in montagna. | *sondern* |
| Non sapeva dove andare, tuttavia partì. | *trotzdem* |
| Dice di no, eppure ne sono sicuro. | *und doch* |
| Io adoro il sole, mentre mio marito preferisce stare all'ombra. | *während* |
| Io adoro il sole, mio marito invece preferisce stare all'ombra. | *dagegen, jedoch* |
| Stamattina mi ha svegliato, anzi mi ha buttato giù dal letto. | *sogar* |

**Penso, dunque sono.** *Ich denke, also bin ich.*

## Folge

**Ama** dunque/quindi **soffre.**

*also, folglich*

**Sono arrivata presto e** perciò/pertanto/per questo **ho trovato i biglietti.**

*deshalb*

**Ho visto che eri stanco, e** così/allora **ti ho lasciato dormire.**

*also, und so*

## Erklärung

**Il più simpatico,** cioè/vale a dire **lui, viene con me.**

*das heißt*

**Ho preso un brutto voto,** infatti **non avevo studiato molto.**

*in der Tat*

## Wechselseitige Beziehung

**C'erano** sia **Carlo** sia/che **sua moglie.**

*sowohl ... als auch*

**Mi piace** non solo **il rock** ma anche **il soul.**

*nicht nur ... sondern auch*

**Non sopporta** né **lui** né **lei.**

*weder ... noch*

O **vieni subito** o **è finita.**

*entweder ... oder*

Tanto **mio padre** quanto **mia madre hanno i capelli castani.**

*(eben)so ... wie*

# Unterordnende Konjunktionen

Unterordnende Konjunktionen leiten Nebensätze ein. Die <u>unterstrichenen</u> <u>Konjunktionen</u> in der folgenden Auflistung verlangen immer den *Congiuntivo*.

## Grammatische Abhängigkeit

**Ti ripeto che è così!**                                    *dass*
**È importante che tu faccia come dico io.**
**Preferisce che Le telefoni io?**
**Il suo modo di fare rivela <u>come</u> sia un uomo**
**discreto.**

▷ Kapitel 7 Der Congiuntivo in Nebensätzen

## Zeitbegriff

**Quando lo vedo, glielo dico.**                             *wenn, sobald*
**Stava per uscire, quando si è ricordato del gatto.**   *als*
**Mi addormento sempre mentre/quando**                   *während, wenn*
**guardo la TV.**
**Mentre camminavo, ho visto uno scoiattolo.**           *während, als*

**Ci arrabbiamo ogni volta che si comporta così.**       *jedesmal wenn*
**Da quando abita in centro gli manca la natura.**       *seitdem*
**Continuate pure a lavorare fino a quando/**            *solange*
**finché avete finito.**
**Lo puoi tenere finché (non) torno.**                   *bis*
**(Non) appena/come arrivi, usciamo insieme.**           *sobald*
**Ho pulito il balcone <u>prima che</u> inizi l'inverno.**   *bevor*
**Dopo che ho fatto la doccia mio marito mi**            *nachdem*
**prepara la colazione.**

Bei Subjektgleichheit wird anstelle von **prima che/dopo che** + Neben-satz **dopo** + Infinitiv oder **prima di** + Infinitiv benutzt. Beispiel:

**Faccio la doccia, e poi**               *Ich dusche und dann mache*
**preparo la colazione.**                 *ich das Frühstück.*
**Dopo aver fatto la doccia**             *Nachdem ich geduscht habe,*
**preparo la colazione.**                 *mache ich das Frühstück.*
**Prima di preparare la**                 *Bevor ich Frühstück mache,*
**colazione faccio la doccia.**           *dusche ich.*

## Grund

**È in forma** perché **fa molto sport.** *weil*

**Siccome/poiché/dato che/visto che/dal** *da*
**momento che non c'eri, mi sono**
**arrangiata da sola.**

## Zweck/Ziel

**Te lo dico solo** affinché/perché **tu lo sappia.** *damit*
**Non ci va** per paura che **lo giudichino male.** *aus Angst, dass*

## Einräumung

**Ti devi alzare presto,** anche se **preferiresti** *auch wenn,*
**restare a letto.** *obwohl*
Anche se **potessi, non lo farei.** *selbst wenn*
**Non te lo direi** neanche se **mi pregassi.** *nicht einmal, wenn*
Sebbene/benché **sia famosa, è ancora insicura.** *obwohl*
Nonostante (che)/Malgrado (che) **ci conosca,** *obwohl*
**fa finta di non vederci.**
Per quanto **mi sforzi, non posso crederci.** *soviel/*
*wie auch immer*

## Bedingung

Se **nevica, vado a sciare.** *wenn, falls*
Nel caso che/Caso mai **tu vada a fare la spesa,** *falls*
**dimmelo.**
**Ci incontriamo,** a patto che/a condizione che *unter der*
**non ci sia lei.** *Bedingung, dass*
**Stasera usciamo,** a meno che non/basta che non *nur wenn*
**succeda qualcosa d'imprevisto.**
**Ti presento mia sorella** purché **tu la lasci in pace.** *nur, wenn*
Ammesso che/supposto che **accetti, cosa gli** *angenommen,*
**dirai dopo?** *dass*

▷ Kapitel 7 Der Bedingungssatz

## Folge

**È** così/talmente/tanto **contento** che **non** *so ..., dass*
**trova le parole.**
**Dimmelo** cosicché/in modo che/in maniera che
**ti possa aiutare.**

### Vergleich

**Preferisce ascoltare musica piuttosto che ballare.**    *lieber … als*
**È più giovane di quanto credessi/credevo.**    *(-er) als*

### Art und Weise

**Vivi ogni giorno come se fosse l'ultimo.**    *als ob*
**Uscì senza che lo vedessi.**    *ohne dass*

---

 Schreiben Sie auf mindestens acht Kärtchen jeweils einen kurzen Hauptsatz auf Italienisch. Legen Sie die Kärtchen auf dem Tisch aus, heften Sie sie an die Wand, Tafel o.ä. Verbinden Sie nun immer jeweils zwei Sätze mit einer passenden Konjunktion zu sinnvollen Sätzen.

# 12 | Die Wortstellung

## Der Aussagesatz

Wenn der Satz ein indirektes Objekt enthält, steht es im Italienischen nach dem direkten Objekt.

|  | Subjekt | Verb | dir. Objekt | **ind. Objekt** |
|---|---|---|---|---|
| **Italienisch:** | **Giorgio** | **racconta** | **una favola** | **a suo figlio.** |
|  |  |  | **ind. Objekt** | dir. Objekt |
| **Deutsch:** | *Giorgio* | *erzählt* | *seinem Sohn* | *ein Märchen.* |

> **!** Ausnahme: wenn das direkte Objekt „schwer" ist, d. h. besonders lang oder betont, steht es nach dem indirekten (schwere Satzteile rücken immer in Richtung Satzende):
> **Giorgio racconta a suo** *Giorgio erzählt seinem Sohn*
> **figlio le cose che avrebbe** *Dinge, die er hätte für sich*
> **dovuto tenere per sé.** *behalten sollen.*

## Der Fragesatz

Im Italienischen können Fragesätze ohne Fragewort genau die gleiche Satzstellung haben wie Aussagesätze. Damit man merkt, dass es eine Frage ist, muss der Satz nur entsprechend betont werden:

| **Chiara** | **è** | **giovane.** | Aussage |
|---|---|---|---|
| *Chiara* | *ist* | *jung.* |  |
| **Chiara** | **è** | **giovane?** | Frage |

>  Aber das Subjekt des Fragesatzes kann im Italienischen auch nachgestellt werden (anders als im Deutschen):
> **È giovane Chiara?** *Ist Chiara jung?*

In Fragesätzen mit Fragewort ist die Satzstellung in den meisten Fällen: Fragewort-Verb-Subjekt. Die Satzstellung Subjekt-Fragewort-Verb ist jedoch auch möglich.

---

Fragewort und Verb bilden auf jeden Fall eine Einheit und dürfen im Gegensatz zum Deutschen nie getrennt werden:

**Dove ha cenato Luigi?**     *Wo hat Luigi zu Abend gegessen?*
**Luigi dove ha cenato?**

**La pasta la voglio al dente!** *Die Pasta, die will ich al dente!*

# Hervorhebung eines Satzteils

Wenn Sie einmal einen Satzteil besonders betonen möchten, bieten sich dazu im Italienischen verschiedene Möglichkeiten.

1. Betonung des Subjekts durch Nachstellung
   **Pino è arrivato ieri.**     **Ieri è arrivato Pino.**     *Pino ist gestern angekommen.*

2. Betonung des direkten Objekts durch Voranstellen + Wiederaufnahme durch das entsprechende Pronomen
   **Non guardo mai la TV.**     **La TV non la guardo mai.**     *Ich sehe nie fern.*

3. Betonung des indirekten Objekts und der präpositionalen Ergänzung durch Voranstellen (ohne – oder umgangssprachlich mit – Pronomen)
   **Darò un bacio a Paola.**     **A Paola, (le) darò un bacio.**     *Paola werde ich einen Kuss geben.*

   **Parlano spesso dei loro amici.**     **Dei loro amici (ne) parlano spesso.**     *Von ihren Freunden reden sie oft.*

| | | |
|---|---|---|
| **D'estate vado** al **mare.** | **Al mare** (ci) **vado d'estate.** | *Ans Meer fahre ich im Sommer.* |

4. Auch direktes Objekt und präpositionale Ergänzung können durch ein entsprechendes Pronomen und Nachstellung hervorgehoben werden:

| | | |
|---|---|---|
| **Non voglio** la tua **pietà.** | **Non** la **voglio,** la tua pietà. | *Dein Mitleid will ich nicht.* |
| **Lo dico** a Luisa. | **Glielo dico,** a Luisa. | *Ich sage es Luisa.* |
| **Non vado** in **Finlandia.** | **Non** ci **vado,** in **Finlandia.** | *Nach Finnland fahre ich nicht.* |

5. Um Satzteile kontrastiv hervorzuheben, können sogenannte Spaltsätze benutzt werden. Das heißt:

**essere** + kontrastierter Satzteil + **che** + Satz ohne den kontrastierten Satzteil.

| | | |
|---|---|---|
| | **È Carlo** [non io] | **che va a Roma per lavoro.** |
| **Carlo va a Roma** **per lavoro.** | **È a Roma** [non a Torino] | **che Carlo va per lavoro.** |
| | **È per lavoro** [non per piacere] | **che Carlo va a Roma.** |

Denken Sie sich italienische Sätze aus und schreiben Sie die einzelnen Wörter der Sätze auf Kärtchen. Mischen Sie die Kärtchen eines Satzes und puzzeln Sie anschließend den Satz wieder zusammen. Gibt es vielleicht mehrere Möglichkeiten? Sie können auch alle Kärtchen mischen und willkürlich Wörter ziehen, bis Sie einen vollständigen Satz beisammen haben.

# Erklärung der Grammatikbegriffe

| Italienisch | Fachbegriff | Deutsch | Beispiele |
|---|---|---|---|
| aggettivo | Adjektiv | Eigenschaftswort | Der **interessante** Film. |
| avverbio | Adverb | Umstandswort | Sie spricht **langsam**. |
| articolo | Artikel | Geschlechtswort | **Der** Monte Rosa ist **ein** Berg. |
| comparativo | Komparativ | 1. Steigerungsform | Meine Wohnung ist **größer als** deine. |
| condizionale | Konditional | Bedingungsform (eigener Modus, den es im Deutschen nicht gibt) | (am nächsten kommt dem K. die *würde*-Form: Das **würde** dir gefallen.) |
| congiuntivo | Konjunktiv | Möglichkeitsform | Wenn ich das **gewusst hätte**. |
| congiunzione | Konjunktion | Bindewort | Tee **oder** Kaffee? |
| consonante (f) | Konsonant | Mitlaut | **b**, **c**, **d**, usw. |
| futuro | Futur I | Zukunft | Wir **werden** nach Rom **fliegen**. |
| futuro anteriore | Futur II | vollendete Zukunft | Bald **werde** ich die Arbeit **beendet haben**. |
| gerundio | Gerundium | Verlaufsform | Sie stand **heulend** auf. |
| imperativo | Imperativ | Befehlsform | **Geh** ins Bett! |
| imperfetto | Imperfekt | unvollendete Vergangenheit | Sie **war** früher sehr schüchtern. |
| indicativo | Indikativ | Wirklichkeitsform | (**geht, ging, wird gehen, ist gegangen, war gegangen, wird gegangen sein**) |
| infinitivo | Infinitiv | Grundform | Es beginnt zu **regnen**. |
| participio passato | Partizip II | Mittelwort | Sie haben **geschrieben**. |
| passato prossimo | Perfekt | vollendete Gegenwart | Wir **haben getanzt**. |

| Italienisch | Fachbegriff | Deutsch | Beispiele |
|---|---|---|---|
| passato remoto | historisches Perfekt | historische Vergangenheit | (gibt es im Deutschen nicht) |
| passivo | Passiv | Leideform | Er **ist gewählt worden.** |
| presente (*m*) | Präsens | Gegenwart | Er **fliegt** nach Guatemala. |
| pronome (*m*) | Pronomen | Fürwort | Sie kauft **es.** |
| pronome dimostrativo | Demonstrativpronomen | hinweisendes Fürwort | Ich nehme **diese** Bluse. |
| pronome indefinito | unbestimmtes Pronomen | unbestimmtes Fürwort | Wir verstehen nicht **viel.** |
| pronome interrogativo | Interrogativpronomen | Fragewort | **Wohin** gehst du? |
| pronome personale | Personalpronomen | persönliches Fürwort | **Ich** lerne Italienisch. |
| pronome possessivo | Possessivpronomen | besitzanzeigendes Fürwort | **Unsere** Lehrerin ist jung. |
| pronome relativo | Relativpronomen | bezügliches Fürwort | Der Bus, **den** wir nehmen, fährt um 9.00 Uhr. |
| pronome riflessivo | Reflexivpronomen | rückbezügliches Fürwort | Er **wäscht sich**. |
| superlativo | Superlativ | 2. Steigerungsform | Der Montblanc ist **der höchste** Berg der Alpen. |
| sostantivo | Substantiv | Hauptwort | **Brot**, **Butter**, **Eier**, usw. |
| trapassato prossimo | Plusquamperfekt | vollendete Vergangenheit | Ich **hatte angerufen**. |
| trapassato remoto | Historisches Plusquamperfekt | Historische vollendete Vergangenheit | (gibt es im Deutschen nicht) |
| verbo | Verb | Tätigkeitswort | **schreiben**, **lesen**, usw. |
| vocale (*f*) | Vokal | Selbstlaut | **a**, **e**, **i**, **o**, **u** |

# Stichwortregister